来嶋洋美・八田直美・二瓶知子［著］

Can-do
で教える

課題遂行型の日本語教育

SANSHUSHA

はじめに

　日本語教師は忙しい仕事です。授業の準備、宿題のチェック、教材研究、教材作成、やることは常にいくらでもあります。それなのにここ数年、日本語教育界ではCan-do、スタンダード、参照枠などと新しい動きが…！日本語教育機関認定や教員資格のような制度上の法制化も進む中、多くの関係者が、いよいよこの変化についていかねばならないと感じているところだと思います。

　本書は、そんな日本語教師の皆さん、日本語をこれから教える皆さん、日本語教育の動向に関心のある皆さんに向けて、新しい日本語教育の考え方と事例を紹介するものです。それは、学習者が日本語でできるようになりたいことを目標にした「課題遂行型の日本語教育」です。

　著者らは1990年代から海外の日本語教育支援のために教師研修や教材開発を行っていたのですが、新しい日本語教育の枠組みである「JF日本語教育スタンダード（2010）」の公開に伴い、それに準拠した日本語教材『まるごと　日本のことばと文化』を開発する機会を得ました。もともと文型中心型の日本語教育を実践してきた者が、まったく新しい枠組みを理解し教材化するわけですから大変です。方法を教えてくれる人もいないので、教材の開発理念から本文の一字一句の扱いに至るまで、それまでの考え方を見直すという作業を進めながら、さまざまなことを繰り返し議論しました。本書はその議論と、開発した教材を使った授業を通して得た知見とを随所に取り入れています。

本書が取り上げるテーマは、「課題遂行型の日本語教育」です。「JF日本語教育スタンダード」や「日本語教育の参照枠」などに準拠した日本語教育は一体どういうものなのか、基盤になる考え方と、初級授業の事例を詳しくご紹介します。Can-do能力記述文を学習目標にすると授業と評価はどうなるのか、必要な場合には、従来の「文型中心型」と新しい「課題遂行型」を比較しつつ、理解を深めます。さらに、人々の相互理解のために言語と並んで重要な異文化理解能力を授業でどのように扱うかというところにまで踏み込んでいきます。

　本書でご紹介するさまざまな教育活動は、学習目標、授業の内容・方法、評価の三者に整合性を持たせるという原則をもって設計されています。この原則を頭の片隅に置いて、学習目標に到達するための道筋を追いながら、事例をお読みください。

　「課題遂行型の日本語教育」はまだ始まったばかりです。本書で取り上げる方法や内容が唯一無二というわけではありませんが、これから新しい日本語教育に取り組んでいかれる皆さんの一助となれば幸いです。

2023年　師走吉日

著者一同

目　次

第4章
課題遂行型の日本語教育における学習評価   91

第5章
課題遂行と異文化理解能力   117

【 執　筆 】　1、2、6 章 ：来嶋洋美
　　　　　　　3、4 章 ：八田直美
　　　　　　　5 章 ：二瓶知子

第 **1** 章

///////////////////////////////

課題遂行型の日本語教育とは

皆さんは外国人に日本語を教えたり、日本語の授業を見たりしたことがありますか。初級日本語の授業はこれまで多くの場合、文型・文法の形や意味の知識を積み上げて力をつけるという考え方で行われてきました。

ところが、近年、日本語教育の新しい枠組みができ、日本語で何ができるようになるのかということを学習目標としてはっきりと示すことが、広く求められるようになりました。

日本語教育が行動中心のアプローチへと大きく変化する中で、教育現場を預かる教師は授業をどのように見直し、変えるのか。第1章では新しい授業設計の基盤となる考え方を知りましょう。

1. 日本語学習の目標

（1）学習目標と授業内容の不整合

　読者の皆さんの多くは、日本語を教えていることと思います。まず、今までの自分の授業をふり返ってみましょう。

　Q1　初級の授業ではどんなことを教えていますか
　Q2　どんな方法で学習成果を評価していますか
　Q3　あなたの初級授業の目標は何ですか

　日本語教師は日々の授業についていろいろな課題を持っています。筆者は長年、教師研修を通して多くの日本語教師に接する中で、初級の授業をめぐってこういうやりとりを何度となく繰り返してきました。

　Ａ先生：学生があまり上手に話せるようになりません。
　　筆者：授業で何を教えていますか？
　Ａ先生：教科書の語彙と文型です。
　　筆者：会話の練習はしませんか？
　Ａ先生：したいけど、時間がなくて、ちょっとしかできません。
　　筆者：授業の目標は何ですか？
　Ａ先生：JLPT（日本語能力試験）合格を目標にしています。

　どうでしょうか。Ａ先生の状況と似たようなことが皆さんにも起こっていませんか。Ａ先生はJLPT[*1]合格を目指して教科書の文型や語彙を教える一方で、学習者の会話力が向上しないことを問題視していますね。日本語がなかなか上手にならない（話せるようにならない）。これは教師

の一方的な問題意識ではなく、学習者からも出てきた悩みでしょう。も
し会話力の向上が学習目標であるのならば、文型と語彙の練習だけでは
難しいはずです。それでA先生は学習者を前にいよいよ悩んでいるのだ
と思います。

　ここで授業設計の観点からまず言えることは、授業の学習目標がぶれ
ている、適切に設定されていないということです。会話力の向上という
学習者の期待が反映されていないこともありますが、JLPTという「大規
模試験合格」がいきなり授業の学習目標となることにも無理があるので
はないでしょうか。

　授業の内容・方法については教科書に影響されることがよくあります。
文型中心の教科書のなかには、日本語でコミュニケーションができるよ
うになることを最終的には目標にしていると述べているものもあります。
しかしそれは、シラバス（学習項目）や授業の方法と必ずしも整合して
いるわけではありません。目次に列挙されている文型項目や本文ページ
にある文型練習を見ると、大方の教師は学習者に文型を正しく覚えさせ
ることから始めるに違いありません。さらに評価にいたっては、初級日
本語では筆記式のテストを行うことが習慣化されているせいか、その具
体的な方法が示されていることはほとんどないようです。

　**コースや授業を設計する上で最も重要なことは、まず学習目標を明確
にすること、そして、その目標と授業の内容・方法、評価の3つが互い
に整合性を持つことです。**授業の学習目標は学習者のニーズを反映する
だけでなく、具体的である必要があります。これが曖昧だったりぶれた

---

　*1　JLPT（Japanese Language Proficiency Test 日本語能力試験）は日本語教育
　　　の代表的な大規模試験。日本語を母語としない人を対象に、総合的な日本語
　　　能力を測定し、認定することを目的としている。テストはN1からN5まで
　　　の5段階で、言語知識（文字・語彙・文法）、読解、聴解で構成される。近
　　　年、その受験目的は実力の測定に加え、就職、昇給・昇格、資格認定への活
　　　用など、変化やひろがりが見られるようになっている。国際交流基金と日本
　　　国際教育支援協会の共催実施。（JLPT サイトより　https://www.jlpt.jp）

りすると、教える内容・方法だけでなく、テスト等で何を評価すべきなのかも曖昧になってしまいます。結果として、学習者は何のために日本語を学んでいるのかと悩み、先生もまた自分の授業のあり方について疑問を抱き続けることになります。

図1：コースデザインにおける目標・授業・評価の整合性

（2）試験合格は本当の学習目標なのか

　ここで日本語の授業、大きく言えば日本語教育は何を目標とするべきなのか考えてみましょう。多くの日本語教師は、コミュニケーションができるようになることを願いながら授業をしてきたと言うでしょう。ところが今まで広く行われてきた初級の教授方法は、一言で言えば「文型中心」です。授業の実態としては、文型学習を目標にしていると言っても過言ではありません。教科書も文型シラバス（構造シラバス）と言われる、文型を導入順に（構造と意味の上で、単純で学習しやすそうなものから複雑なものへ）配置したものが圧倒的に主流です。

　表1（P17）の左側は従来のコースデザインの特徴ですが、初級のカリキュラムは「総合日本語」として、文法・文型だけでなく文字、語彙を含む初級の言語項目をすべてカバーすること、4技能すべてにおいて基

礎的な力をつけることを目指します。また、JLPTなどの大規模試験合格を意識するところも大きく、学習者はすべての項目を正確に「積み上げる」ことが求められます。絵教材などを使った文型の導入、反復練習や代入練習などのパタンプラクティス、時間がゆるせばコミュニカティブなアクティビティ、と教室活動は続きます。授業の時間には限りがあるので、教師も学習者も大変です。

　このような授業を続けながら、学習者の会話力がなかなか伸びないと感じる一方で、自分の責任は学習者のJLPT合格だと考える教師も少なくないでしょう。それは大事なことではあります。しかし、大多数の学習者にとって、日本語学習の最終的な到達目標が試験合格だと本当に言えるのでしょうか。

　私たちはなぜ外国語を学ぶのか。もう一度よく考えてください。**外国語を学ぶ誰もが胸に抱く目標、それはいつか外国語を使えるようになること、外国語を使って自分のしたいことができるようになること**です。私たちはこのことに立ち返って、日本語教育を見直すべきではないかと思います。

（3）外国語教育は行動中心アプローチへ確実に変化

　21世紀に入ってから、「Common European Framework of Reference for Languages: Learning, teaching, assessment」（欧州評議会2001）、「JF日本語教育スタンダード」（国際交流基金2010）、「日本語教育の参照枠」（文化庁文化審議会国語分科会2021）といった外国語／日本語教育の新しい枠組みについて耳にするようになりました。これらの枠組みは、外国語の学習と教育に対する考え方とそれを実行するための方法を示すものです。そのなかで、人間同士の関係性構築に使われる言語の重要性、学習者一人一人に目を向け文化的背景を含むすべてを受け入れ尊重する教育の必要性とともに、新しい世界を生きる人々にとってコミュ

ニケーションの道具として言語を使えるスキルを身につけることがますます重要になっていることを再認識することができます。

　日本語教育の文脈に置き換えると、日本語学習の目標は「自分のしたいことを日本語でもできるようになること」。個々の学習者にとっても、現代の社会においても、この目標の実現がこれまで以上に求められています。「自分のしたいこと」とは学習者にとって言語を使うべき「課題」と言い換えることができます。**私たちが取り組むべきことは、行動中心であると同時に日本語を使った「課題遂行型」の日本語教育を実践していくことです。**

（4）課題遂行型の日本語教育とは

　私たち教師がこれから目指すべき授業では、学習者が日本語でどんなことができるようになるのかを明確に目標に掲げることがまず求められます。それはシラバス／学習内容が、文型ではなく人間の言語行動を切り口とするという意味で「行動中心」であり、前述したように、言語を使って自分のしたいこと（課題）を行う「課題遂行型」の日本語教育と言うことができます。

　それでは課題遂行型の日本語コースにはどんな特徴があるのでしょうか。課題遂行型の日本語コースを実現する教材はまだ数が少ないのが現状ですが、『まるごと　日本のことばと文化』（以下、『まるごと』）はJF日本語教育スタンダード準拠教材[*2]としていち早く開発され、すでに世界中で使用されているものです。

　表1右側に、この『まるごと』のコースの事例を挙げます。まず、学

ー *2　JF日本語教育スタンダード準拠教材としては、出版物『まるごと』のほかに、インターネットでダウンロードする生活者向けの『いろどり』や、レベル別読解教材などがある。いずれも「みんなの教材サイト」からアクセス可能。

習目標は Can-do 能力記述文で記述された、コミュニケーションの課題遂行です。また言語知識は、目標の課題を遂行するために必要な項目を選定します。さらに、入門・初級の学習目標は「やりとり」（会話）が中心になります。そのため教えるときのポイントとしては、**自然な話し言葉を音声を媒体として学習すること**、コミュニケーションの課題に合わせてトピックや場面などを取り入れることで**学習内容を文脈化すること**、さらに、第二言語習得研究の知見をベースにして、**話す準備として聞くことを重視する**ことも大事です。

　JF 日本語教育スタンダードに準拠する場合は、言語運用と異文化理解能力の関係性を重視する観点から、入門期から日本語と同時に異文化理解の学習を導入します。評価は、会話の評価は会話テスト、言語知識の評価は筆記テスト、異文化理解学習など教室外活動の評価はポートフォリオ、といった具合に方法を使い分けます。

（2）で述べた従来型の日本語コースと比べて、どうでしょうか。ずいぶん違って見えるのではないでしょうか。今までに経験したことのないコースデザインなので、自分にできるかどうかさっぱりわからないと思われる読者も多いことと思います。1 つはっきり言えることは、**2 つのコースデザインは拠って立つ考え方がまったく違う**ということです。ですから、これも経験上言うのですが、今使っている教科書を何とか工夫して新しい方法にしようとがんばっても、あまりうまくいきません。教科書を徹底的に改造すると、結果として元の教科書ではなくなります。そしてその教科書の良い点が失われることになりかねません。

　さあ、どうしましょうか。

表 1：初級日本語コースデザイン比較　文型中心型と課題遂行型

	文型中心型（従来型）	課題遂行型
教材の例	『みんなの日本語』『げんき』ほか多数	『まるごと』『いろどり』（いずれも JFS 準拠）
アプローチ	・言語知識（文法・文型）中心 ・4 技能総合 ・「総合日本語」	・行動中心 ・言語コミュニケーションにおける課題遂行
学習目標	・言語知識の習得 ※ただし最終目標として日本語によるコミュニケーションができるようになることを掲げる教科書もある。	・コミュニケーションの課題遂行（Can-do 能力記述文） ・課題遂行に必要な言語知識の習得
教え方	・書き言葉中心 ・文字学習完全先行 ・文型練習はパタンプラクティス中心。個々の練習文にトピックや場面の統一感はみられない。 ・コミュニカティブなアクティビティが加わることもある。 ・教師は文型の「積み上げ」を重視する。	・話し言葉（自然な言語）中心 ・音声学習から文字学習へ ・学習内容の文脈化（トピック、場面） ・話す準備として聞くことを重視（会話コースの場合）
異文化理解	・異文化理解能力の養成は特に強調されていない。 ・中級からは読解授業のテキストを通して、日本事情を学ぶ機会になっていることもある。	・言語運用と異文化理解能力の関係性を重視する。 ・入門期から日本語と同時に異文化理解の学習を導入する。
評価	筆記式の項目テストなど	学習目標に合った方法で評価 ・会話テストなどのパフォーマンス評価 ・筆記式の項目テスト ・ポートフォリオ（自己評価）

2．課題遂行型の日本語授業の基盤

（1）外国語／日本語教育の枠組み：CEFR、JFS、参照枠

　課題遂行型の授業はどうやって行うのか、会話力をはじめとする日本語を使う力、運用力を養う授業はどうやって行うのか、この問題についてぜひ知っておきたい、改善のベースにする考え方を示した枠組みがあります。それは、「Common European Framework of Reference for Languages: Learning, teaching, assessment（以下、CEFR）」（欧州評議会 2001）や「JF 日本語教育スタンダード（以下、JFS）」（国際交流基金 2010）、「日本語教育の参照枠（以下、参照枠）」（文化審議会国語分科会 2021）のような、外国語・日本語教育の枠組みです。[*3]

　これらの枠組みは私たちが言語を使って行う活動を中心に据えた、課題遂行型の学習目標を提供してくれるものですが、そこで「Can-do（能力記述文）」[*4] が登場します。Can-do という言葉は最近よく耳にするようになりましたが、簡単に言えば、学習者が日本語を使ってできるようになりたいことを「〜することができる」という動詞を使った文で記述したものです。

　Can-do は学習目標として使われるので、日本語のコースや授業の設計上とても重要です。JFS も参照枠も CEFR を基盤にして日本語教育で利用しやすいように作られたものです。開発機関の置かれた社会的文脈

─ *3　ここに挙げた 3 つの枠組みのうち、JFS と参照枠はいずれも CEFR を参考にして日本語教育向けに作られたもの。CEFR は補遺版（2020）も公開されているが、JFS、参照枠とも 2001 年版を参照している。

─ *4　「Can-do（能力記述文）」の名称表記と呼び方については次の通り。
　　　JFS：Can-do（キャンドゥと発音）。文化庁参照枠：言語能力記述文（Can do）。CEFR：例示的能力記述文 illustrative descriptors（Can Do）。一般的に Can-do 記述文／ Can Do Statements とも言う。

からそれぞれの理念や目指すところ[*5]がありますが、どれも行動中心の
アプローチをベースに、レベル設定とそれに適応した Can-do を提供し
ています。

　以下、課題遂行型の授業をする上で必要になる、レベル設定と Can-
do について、基本的なことを紹介します。

（2）課題遂行能力の 6 つのレベル

　課題遂行型の授業では、学習者が日本語を使ってできるようになりた
いこと、つまり遂行すべきコミュニケーションの課題が学習目標になり
ます。それを課題遂行能力として記述したのが、Can-do（能力記述文）
です。

　課題遂行能力には 6 つのレベルがあります。A1、A2 は基礎段階の言
語使用者、B1、B2 は自立した言語使用者、C1、C2 は熟達した言語使用
者です。従来の日本語教育のレベルイメージで言えば、A1 は初級前半、
A2 は初級後半、B1 は中級、B2 は上級といったところでしょう。C1、
C2 はさらに上の、非常に優れた運用力を表します。

　表 2 は各レベルのイメージを Can-do を使って示したものです。全体
的なイメージなので Can-do の記述も比較的抽象的ではありますが、**レ
ベル設定の特徴として、語句や文型をいくつ覚えているかということで**

― *5　　三者それぞれの開発機関と枠組みの理念は次の通り。
　　　　JFS：独立行政法人国際交流基金。国際的文化交流機関として、海外の日本
　　　　語教育を支援すべく、「相互理解のための日本語」を理念に挙げている。
　　　　参照枠：文化庁文化審議会国語分科会。日本における「多文化共生社会」の
　　　　構築に寄与する日本語教育をミッションとしている。
　　　　CEFR：欧州評議会。人の移動が多く言語と文化に多様性を持つヨーロッパ
　　　　社会において、政治・文化・教育の必要性から、ヨーロッパ市民としての相
　　　　互理解を促進する言語教育を目指す。「複言語・複文化主義」という考え方
　　　　が有名。

はなく、「外国語／日本語でどんなことがどれぐらいできるか」という観点になっています。

表2：CEFR「共通参照レベル：全体的な尺度」

レベル		Can-do
熟達した 言語使用者 Proficient User	C2	・聞いたり読んだりしたほぼ全てのものを容易に理解することができる。 ・いろいろな話し言葉や書き言葉から得た情報をまとめ、根拠も論点も一貫した方法で再構成できる。 ・自然に、流暢かつ正確に自己表現ができ、非常に複雑な状況でも細かい意味の違い、区別を表現できる。
	C1	・いろいろな種類の高度な内容のかなり長いテクストを理解することができ、含意を把握できる。 ・言葉を探しているという印象を与えずに、流暢に、また自然に自己表現ができる。 ・社会的、学問的、職業上の目的に応じた、柔軟な、しかも効果的な言葉遣いができる。 ・複雑な話題について明確で、しっかりとした構成の、詳細なテクストを作ることができる。その際テクストを構成する字句や接続表現、結束表現の用法をマスターしていることがうかがえる。
自立した 言語使用者 Independent User	B2	・自分の専門分野の技術的な議論も含めて、抽象的かつ具体的な話題の複雑なテクストの主要な内容を理解できる。 ・お互いに緊張しないで母語話者とやり取りができるくらい流暢かつ自然である。 ・かなり広範な範囲の話題について、明確で詳細なテクストを作ることができ、さまざまな選択肢について長所や短所を示しながら自己の視点を説明できる。
	B1	・仕事、学校、娯楽で普段出合うような身近な話題について、標準的な話し方であれば主要点を理解できる。 ・その言葉が話されている地域を旅行しているときに起こりそうな、たいていの事態に対処することができる。 ・身近で個人的にも関心のある話題について、単純な方法で結びつけられた、脈絡のあるテクストを作ることができる。経験、出来事、夢、希望、野心を説明し、意見や計画の理由、説明を短く述べることができる。

| 基礎段階の
言語使用者
Basic User | A2 | ・ ごく基本的な個人情報や家族情報、買い物、近所、仕事など、直接関係がある領域に関する、よく使われる文や表現が理解できる。
・ 簡単で日常的な範囲なら、身近で日常の事柄についての情報交換に応ずることができる。
・ 自分の背景や身の回りの状況や、直接的な必要性のある領域の事柄を簡単な言葉で説明できる。 |
| | A1 | ・ 具体的な欲求を満足させるための、よく使われる日常表現と基本的な言い回しは理解し、用いることもできる。
・ 自分や他人を紹介することができ、どこに住んでいるか、誰と知り合いか、持ち物などの個人的情報について、質問をしたり、答えたりできる。
・ もし、相手がゆっくり、はっきりと話して助け船を出してくれるなら簡単なやり取りをすることができる。 |

吉島・大橋他（2004）P25、国際交流基金（2023）P13

（3）課題遂行能力と Can-do 能力記述文

　Can-do は私たちが言語を使って行うさまざまな行動（課題）を記述した文ですが、外国語教育の目標設定や評価においては、その課題を遂行する能力「課題遂行能力」として使われます。課題遂行能力は、「コミュニケ－ション言語活動」と「コミュニケ－ション言語能力」から構成されています。両者は具体的にどのようなものなのか、Can-do 能力記述文はどこまでそれを表現しているのか、ここで見ていきましょう。[*6]

＜コミュニケーション言語活動＞

　まず、コミュニケーション言語活動には受容的活動として「聞く」・「読む」、産出的活動として「話す」・「書く」、そして相互交渉的な活動として「やりとり」という 5 つの技能のほか、言語活動を効果的に行うための「方略（ストラテジー）」、ノート取りや要約などのような受容と産出の言語活動を仲介する「テクスト」と呼ばれる活動などがあります。Can-do は、このような言語活動の具体的な行動例を記述したものですが、活動の種類ごとに設けられたカテゴリーとレベルによって参照できるようになっています。

　表 3 にコミュニケーション言語活動の種類とカテゴリーを、また表 4 にはレベル別 Can-do の例を挙げます。言語活動は数えきれないほどありますが、カテゴリーやレベルを設定することで、外国語の学習目標として参照しやすくなっていることがわかります。また、同じカテゴリーのレベル別 Can-do は、外国語が上達するときの変化が読みとれて、興味深いものです。

―　[*6]　表 3（P23）、表 5（P25）、表 6（P26）は国際交流基金（2023）を元に作成。

表 3：コミュニケーション言語活動の種類とカテゴリー

言語活動		カテゴリー	
受容	聞く	・聞くこと全般 ・母語話者同士の会話を聞く ・講演やプレゼンテーションを聞く ・指示やアナウンスを聞く	・音声メディアを聞く ・テレビや映画を見る
	読む	・読むこと全般 ・手紙やメールを読む ・必要な情報を探し出す	・情報や要点を読み取る ・説明を読む
	方略	・意図を推測する	
産出	話す	・話すこと全般 ・経験や物語を語る ・論述する	・公共アナウンスをする ・講演やプレゼンテーションをする
	書く	・書くこと全般 ・作文を書く	・レポートや記事を書く
	方略	・表現方法を考える ・（表現できないことを）他の方法で補う ・自分の発話をモニターする	
やりとり	やりとり	・口頭でのやりとり全般 ・母語話者とやりとりをする ・社交的なやりとりをする ・インフォーマルな場面でやりとりをする ・フォーマルな場面で議論する ・共同作業中にやりとりをする ・店や公共機関でやりとりをする ・情報交換する ・インタビューする／受ける	・文書でのやりとり全般 ・手紙やメールのやりとりをする ・申請書類や伝言を書く
	方略	・発言権をとる ・議論の展開に協力する ・説明を求める	
	テクスト	・メモやノートを取る ・要約したり書き写したりする	

表4：レベル別 Can-do　話す＞「講演やプレゼンテーションをする」の場合

レベル	Can-do
C2	話題について知識のない聴衆に対しても、自信を持ってはっきりと複雑な内容を口頭発表できる。聴衆の必要性に合わせて柔軟に話を構造化し、変えていくことができる。難しい、あるいは敵意すら感じられる質問に対処することができる。
C1	複雑な話題について、明確なきちんとした構造を持ったプレゼンテーションができる。補助事項、理由、関連例を詳しく説明し、論点を展開し、立証できる。聴衆からの不意の発言にも対応することができる。ほとんど苦労せずに自然に反応できる。
B2	事前に用意されたプレゼンテーションをはっきり行うことができる。ある視点に賛成、反対の理由を挙げて、いくつかの選択肢の利点と不利な点を示すことができる。 一連の質問に、ある程度流暢に、自然に対応ができる。話を聞く、あるいは話をする際に聴衆にも自分にも余分な負荷をかけることはない。
B1	自分の専門でよく知っている話題について、事前に用意された簡単なプレゼンテーションができる。ほとんどの場合、聴衆が難なく話についていける程度に、はっきりとしたプレゼンテーションをすることができ、また要点をそこそこ正確に述べることができる。 質問には対応できるが、質問を話すスピードが速い場合は、もう一度繰り返すことを頼まねばならない。
A2	身近な話題について、短い、練習済みの基本的なプレゼンテーションができる。 質問を繰り返し言ってもらい、回答するのに何らかの助け船を出してくれる人がいるなら、話し終えた後から出される簡単な質問に答えることができる。
A1	非常に短い、繰り返された表現を読むことができる。例えば、話し手の紹介や乾杯の発声など。

国際交流基金（2023）P14

＜コミュニケーション言語能力＞

　表4のコミュニケーション言語活動の Can-do は、言語を使ってどんなことをするのか、その行動を記述したものです。そのため言語使用の目的や意図、機能 [7] はわかりますが、日本語でどう表現するのか、言語

の具体的な姿は見えません。それは課題遂行能力のもう 1 つの大事な構成要素「コミュニケーション言語能力」が担います。**コミュニケーション言語能力には、文法や語彙、音声などの言語構造的能力、言語の使い分けなどの社会言語的能力、談話に関する語用能力など、言語活動に必要な知識や能力が含まれています**（表 5）。

　コミュニケーション言語能力の Can-do は、語彙や文型などの言語項目が列挙されているわけではなく、そのレベルの言語的特徴を抽象的に記述しています。毎回の授業の目標には向きませんが、一定期間のコースの目標としてなら使えるかもしれません。表 6 に例を挙げます。

表 5：コミュニケーション言語能力の種類とカテゴリー

言語能力		カテゴリー
言語構造的能力		・ 使える言語の範囲 ・ 使用語彙領域 ・ 語彙の使いこなし ・ 文法的正確さ ・ 音素の把握 ・ 正書法の把握 ・ 意味的能力 ・ 読字能力
社会言語能力		・ 社会言語的な適切さ
語用能力	ディスコース能力	・ 柔軟性 ・ 発言権 ・ 話題の展開 ・ 一貫性と結束性
	機能的能力	・ 話しことばの流暢さ ・ 叙述の正確さ

― *7　言語を使ってコミュニケーションするときの意図や目的を「機能」と言う。例えば、「挨拶する」「（外出に）さそう」「さそいを受ける」「さそいを断る」「手順を話す」「礼を言う」など、言語にはたくさんの機能がある。

表6：コミュニケーション言語能力の Can-do の例

Can-do の例	レベル	カテゴリー
・ 当人の住所、国籍やその他の個人的な情報を正確に書くことができる。	A1	言語構造的能力 ＞ 正書法の把握
・ いくつかの単純な文法構造を正しく使うことができるが、依然として決まっておかす基本的な間違いがある一例えば、時制を混同したり、性・数・格などの一致を忘れたりする傾向がある。しかし、本人が何を言おうとしているのかはたいていの場合明らかである。	A2	言語構造的能力 ＞ 文法的正確さ
・ 明示的な礼儀慣習を認識しており、適切に行動できる。	B1	社会言語能力
・ ポイントを簡単に並べあげる形で、物事を語ったり事物を記述できる。	A2	語用能力 ＞ ディスコース能力

3. 課題遂行型の日本語教育における Can-do の役割

（1）授業設計の柱

　前節では CEFR、JFS、参照枠のレベル設定と Can-do について見てみましたが、ここで、1 節（1）でお話しした A 先生の悩みを思い出してください。A 先生は授業で文型や語彙を教える一方で、学習者の会話力がなかなか伸びないことを問題視していました。A 先生のような従来型の文型中心の授業では、文型や語彙は教えるけれども、それがどんな場面のどんな会話につながっているのかわからない、悪くするとどんな会話にもつながっていない、ということが起こっているのです。なぜでしょうか。それは学習目標の Can-do がないからです。つまり日本語で何ができるようになりたいのかをはっきりさせていないからなのです。**そも**

そも学習目標がなければ、授業の成果として何を望むのかわかりません。

　課題遂行型の教え方は、まず学習目標の Can-do を見て、それが会話であれば会話ができるように授業を計画します。文型や文法は目標にする会話に必要な項目を選定し、会話の練習をした後で、学びます。次章で紹介しますが、第二言語習得理論から学習プロセスを考えるとそのような順序になるのです。これは、文型練習を先行させる文型中心の授業とは正反対の順序で、文型中心の授業を行ってきた大多数の日本語教師にとっては見慣れない、疑ってみたくなるシロモノかもしれません。しかし、授業設計の柱である学習目標が明確に会話力であれば、（長年習慣的に繰り返してきた）従来の方法とは別の方法を検討する必要があるということなのです。

　授業を設計する上で大切なことは、**学習目標、授業の内容・方法、学習評価の三者が互いにつながりを持ち、整合していること**です。Can-do で学習目標を明確にし、学習目標に合った内容・方法で教え、目標が達成されたかどうかを適切な方法で評価するようにしましょう。これが授業設計の鉄則です。

（2）学習目標の明確化

　Can-do は学習目標の設定、特に、日本語運用力／課題遂行能力を育てる授業の目標を立てる上で大切な役割を持っています。学習目標が定まれば的を射た評価も行えるようになります。例えば、ここにあるのは、A2 レベルの目標 Can-do の例です。[*8]

　　・季節のイベントについて何のためにどんなことをするか話します

─ *8　『まるごと』「かつどう」の「ないようういちらん」に記載されている目標
　　　Can-do の文は、「〜（動詞）ことができます」ではなく、「〜（動詞）します」という形になっている。

・自分の国や町のイベントについてメモを見ながら話します
『まるごと　日本のことばと文化』初級 2（A2）「かつどう」トピック 5「とくべつな日」

　Can-do は学習者のレベルに合わせて目標を明確にすることができます。授業では、この目標が示す日本語でのやりとりや簡単な発表ができるようになることを目指して、教室活動を効果的に行っていきます。学習者にとっては授業の目標が日本語を使えるようになることだとはっきり自覚でき、動機づけになるでしょう。**運用力をつけるには文法、語彙などももちろん必要ですが、授業の最終的な目標はそれではなく、あくまでも Can-do に記述されている言語活動ができるようになることです。**したがって、言語活動（この場合は会話）の評価は Can-do を利用して評価基準を作成し、会話テストを行います。

　このように、Can-do は特に学習目標の設定と評価に使うことで、効果的な課題遂行型授業を設計することに役立ちます。学習者のレベルとニーズに合ったものや近いものを選んで、まずは学習目標の明確化に役立てることが大事です。

　Can-do は CEFR や JFS などを参考にして教師が作ることもできますが、*9　学習評価の結果（成績）を学外で公的に利用するのであれば、検証を経た Can-do を使うのが安心です。JFS と参照枠はともに、CEFR の Can-do 約 500 件を引き継いでいますが、これに加えて、各々が教育対象とする学習者を想定した独自の Can-do もあります。JFS は海外の日本語学習者、参照枠は日本国内に在住する学習者（生活者としての外国人）が日本語を使う場面を想定して、各々「JF Can-do」と「生活者のための Can-do」を公開しています。**大事なことは、学習者が必要とする Can-do を目標にすることです。**

― *9　日本語教師が Can-do を自作する方法は第 6 章コラム P160 を参照のこと。

4. 教え方を変えるというチャレンジ

　課題遂行型の日本語教育は、学習者が日本語を使ってすること、できるようになりたいことは何かという視点を取り入れてコースや授業を設計します。従来型の文型中心のコースにおいては、学習目標が必ずしも明確でないことが、授業の内容・方法、評価との整合性にまで影響を及ぼしています。しかし、課題遂行型の日本語教育の場合は、CEFR、JFS、参照枠といった枠組みがあります。特にレベルと Can-do は、学習者のニーズに合った目標設定をする上で非常に大事なものであるばかりでなく、日本語教育のすべての現場で共有できるものです。

　日本語を教える者としては、長年実践してきた方法とは違うことを学ばなければならないわけなので、頭の切り替えが必要になります。時として疑問ばかりがわいてくることもあるかもしれませんが、それも日本語教師としての幅を拡げるためだと思えば、楽しいチャレンジではないでしょうか。

　次章以降、課題遂行型の日本語教科書を使った実践例を見ていきましょう。

学びを深めるために

① 「JFS」や「参照枠」を丁寧に読んでみましょう。わかってもわからなくても最後までざっと目を通してみてください。そして、できれば誰かと感想を共有しましょう。

・「JF 日本語教育スタンダード」（国際交流基金）
　→ JF 日本語教育スタンダードサイト
　　https://www.jfstandard.jpf.go.jp

・「日本語教育の参照枠　報告」（文化審議会国語分科会）
　→ NEWS 日本語教育コンテンツ共有システム
　　https://www.nihongo-ews.bunka.go.jp

② Can-do 能力記述文には抽象的なものから具体的なものまでさまざまあります。いくつかの Can-do リストを見てみましょう。日本語を教えている人は、学習者のニーズに合っているかどうか考えましょう。

・CEFR Can-do
・JF Can-do 　　　　　みんなの Can-do サイト
・JF 生活日本語　　　 https://www.jfstandard.jpf.go.jp/cando
　Can-do

・「生活 Can do」一覧
　→ NEWS 日本語教育コンテンツ共有システム
　　https://www.nihongo-ews.bunka.go.jp

巻末には各サイトの概要を紹介したページもありますので、あわせて参照してください。

第 2 章

//////////////////////////////

課題遂行型の授業設計 1

コミュニケーション言語活動

INTRODUCTION

第1章ではCEFR、JFS、参照枠といった外国語／日本語教育の枠組みと、これらに共通する重要な特徴としてレベル設定とCan-do能力記述文について述べました。

では、授業はどうすればいいのでしょうか。課題遂行型の授業を行うためには、新しい枠組みに沿って授業設計を変える必要があります。

そこで第2章では、課題遂行能力の2つの構成要素のうち、コミュニケーション言語活動がどのような学習内容となるのか、また、学習者は教室でどのような方法で学ぶのかを、見ていきましょう。

課題遂行型の授業についてより具体的に知るために、ここではJFS準拠教材『まるごと　日本のことばと文化』「かつどう」の事例を紹介します。

1. 課題遂行能力と日本語教材

(1) コミュニケーション言語活動と
　　コミュニケーション言語能力の関係性

　第1章で述べた通り、課題遂行能力は行動や技能を表すコミュニケーション言語活動と、文法、文型、語彙などの言語項目や知識を表すコミュニケーション言語能力とで構成されています。

　では、その関係性はどうなっているのでしょうか。結論から言うと、両者はつながっています。この点について JF 日本語教育スタンダードは木のイメージで説明していますが（図1）、それによれば、地上にある木の枝や花はコミュニケーション言語活動を表現します。枝は技能とそのカテゴリーで、枝先に咲いている一つ一つの花は、言語活動の具体例である Can-do と見ることができるでしょう。

　一方、木の根にあたる部分はコミュニケーション言語能力です。地中にある木の根が地上の枝や花を支えているように、コミュニケーション言語能力はコミュニケーション言語活動を常に支えています。つまり、木の根（言語能力）は木の枝や花（言語活動）と離れてばらばらにあるのではなく、つながっているのです。それでこそ、枝も成長し、花も咲きます。

　従来の日本語教育をふり返ると、初級の文型中心の授業でコミュニケーション言語能力を、そして中級以降の会話、読解、作文などの技能別授業でコミュニケーション言語活動を教えてきたように見えます。しかしながら、コミュニケーション言語能力とコミュニケーション言語活動との間には関係性があること、しかもそれはコミュニケーション言語能力がコミュニケーション言語活動を支えるという関係性であることを考えると、何か別のコースデザインを検討すべきではないかと思います。

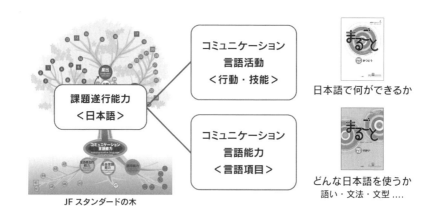

図1：課題遂行能力の構成と教材

（2）JF 日本語教育スタンダード（JFS）と 『まるごと　日本のことばと文化』

　課題遂行型の授業を行うために新しい枠組みに沿って開発された教材はまだ数少ないのですが、ここで JFS 準拠教材『まるごと　日本のことばと文化』（以下、『まるごと』）を取り上げます。JFS は「相互理解のための日本語」という理念のもと、日本語の教授、学習、評価のために参照する枠組みで、国際交流基金によって CEFR を基盤に開発されたものです。国際交流基金が海外の日本語教育支援を事業としてきたことから、『まるごと』は海外の成人日本語学習者を主な対象としています。A1、A2、B1 の各レベルがありますが、特に A1 レベルと A2 レベルについては、「かつどう」と「りかい」という 2 種類のコースブック[*1]

---

*1　コースブックはコースデザインされた学習内容だけでなく、評価の方法、学習時間とその配分や教える方法まで含む設計を組み込んだもの。つまり授業が紙上で（一定の制限はあるものの）再現されているので、実際に教えたり学んだりする上でわかりやすいという特徴がある。教師は学習項目を教える順番に悩むことなく、そのまま使うことができる。

があります。コースブックとは授業の目標や内容はもとより、教え方、評価の方法まで含むコースデザインを組み込んだ教科書です。

　課題遂行能力がコミュニケーション言語活動とコミュニケーション言語能力に分かれることは前述しましたが、『まるごと』「かつどう」はコミュニケーション言語活動の本で、日本語を聞いたり話したりして学習目標にする Can-do（目標 Can-do）の会話ができるようになることを目指します。

　一方、『まるごと』「りかい」は、「かつどう」の目標 Can-do の会話から抽出した言語項目、つまりコミュニケーション言語能力を学ぶ本です。「りかい」が「かつどう」で学ぶ Can-do をベースにしていることによって、両者は関連づけられています。**「かつどう」と「りかい」は各々学習のアプローチが違う主教材ですが、同時に、同じ目標 Can-do につながる相互補完的な関係性を持っている**と言えます。

　本章では、課題遂行型の授業の事例として、『まるごと』「かつどう」を見ながら、基礎的段階 A2 レベルの会話の授業を中心に解説していきます。また『まるごと』「りかい」は第 3 章で取り上げます。

2. 授業設計に必要なもう 1 つの柱：
　第二言語習得プロセス

（1）Can-do は授業の具体的な方法を示すものではない

　CEFR や JFS、参照枠のような枠組みで提示されている Can-do は、学習目標の設定と評価に必要不可欠なものですが、授業の方法については具体的に記されているわけではありません。**Can-do は what（授業の目標にする内容）を提供するものですが、how（授業を教える方法）を**

指南するものではないのです。

　それではどうするのか。**せっかく学習目標を Can-do で設定したのに、教え慣れているからと言ってパタンプラクティス中心に教えたのでは、望むような成果は期待できない**でしょう。教師に託されている大事なことは、学習者が話せるようになるにはどんな活動をどんな順番でどのぐらい行えばいいのか、よく考え、試すことです。

　近年、私たちがどうやって第二言語（母語以外の言語や外国語）を話すようになるのかということを解明する研究、つまり第二言語習得研究の知見が教育実践に適用されるようになってきました。図２に示す第二言語習得のプロセスは、人間が第二言語を話すようになるまでに脳内で何が起こっているのかを考えたものです。

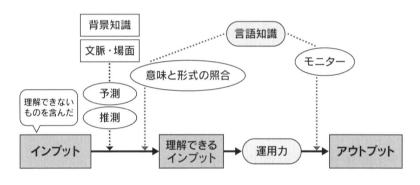

図２：第二言語習得プロセス　　　　国際交流基金（2008a）P8

　第二言語習得のプロセスについてもう少しお話ししておきましょう。外国語で耳に入ってくるいろいろな情報（インプット）は聞き取れなかったり、知らない言葉があったりして理解できない部分が含まれているものですが、それが理解できるインプットになることが、学習者の運用力（言語を実際に使う能力）を育成すると考えられています。そして、運用力があれば話すこと（アウトプット）ができるようになるわけです。

(2) 言語知識が多ければ運用力は上がるのか

　では、理解できないものを含んだインプットは、どのようにして理解
できるようになるのでしょうか。それは、聞くときに自分が持っている
背景知識や聞いている会話の文脈、場面を使って予測したり推測したり
して情報を補うということをしているのです。予測や推測をしながら聞
くことはとても大切です。[*2]

　言語知識（語彙や文法に関する知識）は、インプットを理解し言葉の
意味と形式とを結びつけたり（照合）、アウトプットするときにそれが正
しいかどうかをモニターする、つまり確認するときに使われます。ただ
し、**言語知識が多ければ多いほど運用力が上がるかというとそうではな
い**と言われています。授業で語彙や文法・文型をたくさん習っても必ず
しも会話力にはつながらない、というのは学習者も教師も多くの人が経
験していることだと思います。

　第二言語習得プロセスの知見を授業や教材に取り入れるには、インプッ
トからアウトプットまでの活動の流れ、インプットの質と量、理解でき
るインプットを増やすための工夫、アウトプットの機会の提供方法、言
語知識の与え方など、さまざまなことを考える必要があります。

---

3. 課題遂行型の授業設計の事例
『まるごと』「かつどう」

　では、課題遂行型の授業の事例として、『まるごと』初級1（A2）「か
つどう」を見ていくことにしましょう。

---

　*2　予測や推測、モニターなどを含む、言語コミュニケーションを効果的に行う
　　　ための方略を「ストラテジー」と言う。

（1）何を教えるか：内容一覧

　コースブック全体の内容構成は「ないよういちらん」を見ればわかります。「ないよういちらん」はこの日本語コースの学習内容が書いてあるシラバスで、次のような特徴があります。

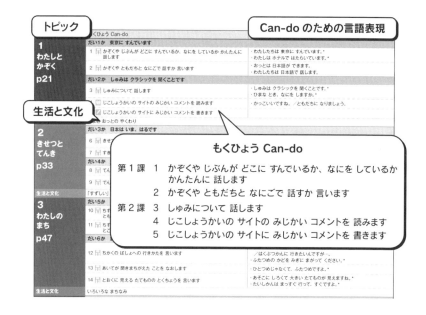

図3：ないよういちらん（抜粋）　初級1（A2）「かつどう」

- 学習目標は「もくひょうCan-do」として書かれている

　初級1の全部で53の目標Can-doのうち、特に多いのはやりとりのCan-doですが、トピック・場面に応じて読むCan-doや書くCan-doもあります。

- 目標Can-doのために必要な言語表現「おもなひょうげん」がある

　文型の形ではなく、会話の中で実際に使う形で見せています。

もくひょう Can-do	おもなひょうげん
3 しゅみについて話します	・ しゅみはクラシックを聞くことです。 ・ ひまなとき、なにをしますか。

　学習内容をまとめ、時には**レベルを超えた意味的ネットワークを構築する上で重要な役割を果たすのは「トピック」**[*3] です。トピックのなかには「食べ物」や「自由時間」など、どのレベルでも場面を違えて使われるものが少なくありません。そのため、トピックを軸にして、運用場面と目標 Can-do が広がる、深まるという側面があります。トピックはまた、日本の生活文化についての学習内容にもつながります。そのため、各トピックに1つ「生活と文化」という項目が加わっています。

　多くの教師にとって文字学習も気になるところですが、『まるごと』「かつどう」は言語活動中心の授業を行う一方で、文字学習の負担は軽く、初級1ではひらがなとカタカナが語単位で読めるようになることが目標であることを補足しておきます。これは、学習目標が会話中心であること、また、文字学習はコースの想定授業時間内におさまりきれないことが、コースデザイン上の理由です。文字の読み書きをもっと練習したいという学習者には、自習用の教材を紹介するなどして対応します。ただし、これはコースデザインに組み込まれていない、学習者の自律的な学習になるので、テストすることはありません。

― *3　JFS は授業や教材で取り上げる内容の目安として、15 のトピックを提示しており、『まるごと』各ユニットのトピックはこの 15 トピックのうちいずれかに含まれる。『まるごと』は入門（A1）から中級（B1）まであるが、共通のトピックを軸にして、レベルごとに場面や機能、使用言語形式の違う Can-do を展開している。
　　　＜ JFS の 15 トピック＞自分と家族／住まいと環境／自由時間と娯楽／生活と人生／仕事と職業／旅行と交通／健康／買い物／食生活／自然と環境／人とのつきあい／学校と教育／言語と文化／社会／科学技術
　　　JFS と『まるごと』トピックの対照表については巻末 P179 を参照。

（2）どうやって教えるか：各課の構成／授業の流れ

『まるごと』「かつどう」の各課の構成は図４のようになっています。

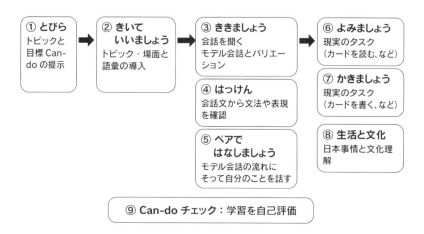

図４：課の構成　初級１（A2）「かつどう」

各パートの目的は以下の通りです。

① とびら：

各トピックの冒頭のページで、トピックと目標 Can-do を提示する。

② きいていいましょう：

課のトピック・場面と語彙を導入する。

③ ききましょう：

⑤ の準備として４つの会話（モデル会話とそのバリエーション）を
聞く。

④ はっけん：

③ の会話にある重要な言語形式や意味を学習者自ら推測し、確認す
る。

⑤ ペアではなしましょう：
　 モデル会話の流れにそって自分のことを話す。

⑥ よみましょう：
　 トピックや場面から必然性のある活動がある場合に、目標 Can-do と
　 して取り上げる。

⑦ かきましょう：
　 ⑥ と同じ

⑧ 生活と文化：
　 トピックに関連する日本の生活文化の写真を見て、話し合う。

⑨ Can-do チェック：
　 授業後、目標 Can-do の出来ぐあいを自己評価する。

　『まるごと』は授業設計どおりに教室活動を配置したコースブックです
から、図 4 が示す各課の構成はほぼそのまま授業の流れになります。③
④⑤で目標 Can-do を 1 つ扱いますが、これが各課に 2 つ（目標 Can-
do 2 つ）あります。
　授業時間は 1 課あたり 90 分から 120 分で、総学習時間は 40 〜 60 時
間です。授業での使用言語は日本語だけを使うことに固執しません。教
師と学習者、あるいは学習者同士で日本語よりも効率的に使える共通言
語を持っている場合は、その言語を躊躇せずに使います。特に疑問点や
自分の意見を話すときには、できるだけ自由に使える言語で話せばよい
と考えています。また、学習者同士で学び合う協働学習も重視します。

（3）『まるごと』「かつどう」の授業の実際

　さて、（2）で見た授業の流れが教材では実際にはどうなっているか、

『まるごと』初級 1（A2）「かつどう」の事例を紹介します。事例 A では
特に①から⑤について見てください。①②は主にトピックと場面・目標
Can-do（学習目標）・語彙の導入、③④⑤は目標 Can-do の会話のため
のインプットからアウトプットまでの一連の教室活動です。

　事例 B では⑥よみましょう、⑦かきましょうの例を見ていきます。な
お、⑧生活と文化については第 5 章で、⑨ Can-do チェックについては
第 4 章で取り上げます。

◆ 事例 A　やりとり（会話）の Can-do
　『まるごと』初級 1（A2）「かつどう」P33
　　トピック 2：きせつとてんき　第 3 課：日本はいま、はるです

Can-do きせつの へんかについて かんたんに 話します
Can-do すきな きせつと その りゆうを かんたんに 話します

① とびら
　トピックのイメージをつかみ、
目標 Can-do を確認します。

目標 Can-do

1) 写真を見て、日本にはどんな季節があるのか、見たことがある
か、自国とくらべてどうかなど、学習者自身が経験や知識を出し
て、このトピックに対する興味を高める。

2) その課の目標 Can-do を確認する。母語なども利用して、目標
を必ず理解すること。[*4]

② 「きいていいましょう」

　この課で使ったり聞いたりするトピック関連語彙を導入します。写真、
イラストだけでなく、音声をよく聞いて、語の意味と音声イメージが結
びつくようにします。いきなり反復練習をする必要はありません。

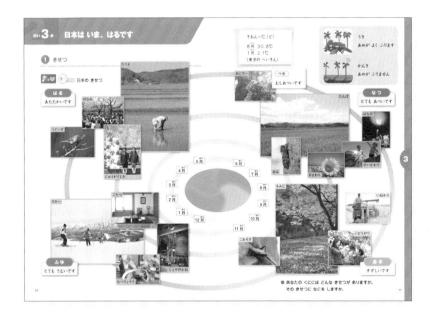

― *4　Can-do チェック各国語版を参照のこと。
　　　まるごとサイト > 教材ダウンロード　https://marugoto.jpf.go.jp/

学習の手順

1) この課には、日本の季節を代表する自然や活動の写真がたくさん
ある。音声教材を聞く前に、まずはその写真をよく見て楽しむ。
写真の言葉は覚えなくてもよいが、キーワードの四季と形容詞
（はる、あたたかいです、など）は、教師が語単位で発音するの
を聞き、意味を確認する。

2) それから 1 月から 12 月までの季節の様子について録音した音
声を聞く。そのとき聞こえている部分を指さしながら、音声と意
味を照合する。

3) 音声を 2 回以上聞いたあとで、語を発音してみる。音声教材や
教師の発音のあとにつけて言ってもいいし、学習者同士で 1 人
が語を発音し、もう 1 人が聞いてその写真を指すといった活動
にしても良い。

　ほかの課にも言えることですが、「きいていいましょう」は語彙数が多
いです。けれども、覚えるのは自分のことを話すときに必要な語を優先
させます。ほかの語は、ほかの人の話を聞くときに出てくるかもしれな
い語なので、そのときに思い出せれば大丈夫です。思い出せなかったと
しても、その人に聞けばいいわけですから、気楽に取り組みましょう。

③「ききましょう」

　ここでは目標 Can-do のモデル会話とそのバリエーションの会話を合
わせて 4 つ、数回ずつ聞いて、内容を理解すると同時に、会話の流れに
慣れます。会話の相手とやりとりするときにどう質問するか、それにど
う答えるか、予測がつくようになるためです。また、交流場面の会話は、
学習者もその場に一緒にいるつもりで、登場人物の話す内容に興味を持っ
て聞くことが大事です。

学習の手順

1) 聞く前の準備：イラストを見て、職場や学校の休み時間などに、外国出身の友人とおしゃべりをするという場面を確認する。選択肢のイラストと言葉、質問も確認すること。キーワードは②でも取り上げているが、イラストをよく見ておくと、予測や推測にとても役に立つ。

2) 例題1の音声を聞いて、どんな人物が話しているか、会話の内容はどうだったか、確認する。

3) 問題2～4の音声を聞いて、答え合わせをする。また会話の内容について聞こえたことを言って理解の確認をする。答え合わせや会話の内容確認は、まず学習者同士で行い、自分たちでわから

ないことを教師に質問するという方法が望ましい。

『まるごと』「かつどう」のほとんどの音声ファイルには BGM（背景音楽）があるものとないものの 2 種類あります。リラックスして聞きながら場面の雰囲気をつかむためには BGM あり、発音や内容に集中して何を言っているのかはっきり聞き取りたいときには BGM なしというように使い分けると効果的です。同じような表現や、会話の流れがあるようだと気づくまで聞くことが大事なので、4 つの会話を各々少なくとも 2 回以上聞きます。

④「はっけん」

③で何度も聞いた会話に埋め込まれている、この目標 Can-do の会話をするのになくてはならない表現や言語形式とその意味を学習者が自分で見つけるようにします。学習者が自分で見つけることがとても大事です。

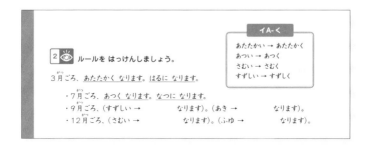

学習の手順

1)　「ききましょう」の会話でどんなことに気がついたか話す。もう一度音声を聞きながら確認してもよい。ここでは BGM なしの音

声のほうが聞きやすい。

2)　例文を見て簡単な質問の答えを探しながら、気づいた表現の形式と意味を確認する。そのとき教師がすぐに説明するのではなく、まずは学習者が自ら推測し、考える。それをクラスメイトと話したりして、できるだけ自分で答えにたどり着けるようにする。教師の役割は、必要に応じて学習者を誘導すること。

3)　最後に教師と一緒に確認する。教師は説明のし過ぎにくれぐれも注意し、文法や文型の説明は最小限にすることが大事。ここでは季節の変化を表すための形容詞（暖かい、暑い、寒い、涼しい）を使うが、もっと練習させたいからと言って、このトピックから外れた形容詞を導入、練習するようなことはしない。目標 Can-do の会話で使えるものだけに限定すること。

⑤「ペアではなしましょう」

Can-do きせつの へんかについて かんたんに 話します

　モデル会話の流れにそっていよいよ自分のことを話します。会話を丸暗記して話さなくても、このページを見ながら練習できれば大丈夫です。テキストを読み上げるような会話の「まね」はいけません。**聞いた会話を繰り返すような練習にとどまらず、クラスメイトとのコミュニケーションとして、自分自身についての情報を使いながら話し、また、相手の言うことにも興味を持って耳を傾け、楽しく会話をすることが大事**です。

3 → p151 ともだちの くに／まちは どんな きせつですか。

日本／東京 は いま、どんな きせつですか。

いま、ふゆ です。さむいです よ。

そうですか。じゃあ、いつごろ あたたかく なります か。

そうですね。だいたい 3月ごろ です。

3

学習の手順

1) 会話の流れ、表現形式と意味を確認し、同時に声に出してみる。
   練習方法の例としては、モデル会話を読み上げる、音声教材や教
   師が言うのを聞いて繰り返す、学習者同士で（モデル会話を）練
   習する、などがある。また、「ききましょう」の会話はモデル会
   話と同じ構造を持ち、かつさまざまな人物の情報がキーワードと
   して入っているので、これを利用してシャドウイングをしてもよ
   い。

2) 学習者同士で目標 Can-do の会話をする。場所、季節、変化の
   表現などを学習者自身の情報に変えて本当のコミュニケーション

として会話を楽しむことが大事。ペアの相手を変えて、何度も行うこと。なお、この課では、会話の準備として自分の国の季節をメモに書きこんでおくことになっている。学習者が同国人で会話の内容が画一的になりそうな場合は、「住んだことがある国」「家族や友人がいる国」など、話すことを少し変えて工夫すること。

◆ 事例 B　読みと書きの Can-do

『まるごと』初級 1 （A2）「かつどう」P137

トピック 9：おいわい　第 18 課：パーティーがいいとおもいます

⑥「よみましょう」 📖

Can-do　けっこんの おいわいの カードを 読みます

⑦「かきましょう」 ✏️

Can-do　けっこんの おいわいの カードを 書きます

　トピックや場面から必然性のある活動がある場合には、読むことや書くことも目標 Can-do になっています。A2 レベルでは、実生活で起こる情報を探したり照合したりするタイプの読みが目標になります。ここでは、友人からもらった結婚祝いのカードに書いてあるメッセージを読みます。また、それを参考にして、学習者もメッセージを書いてみます。

　文字については、メッセージを書くのに必要な文字が書ければ大丈夫です。見本を見ながらの写し書きでもかまいません。実生活でもそれで対応できるからです。[5]

ー *5　書く活動のためのワークシートは「まるごとサイト」でダウンロードできる。まるごとサイト > 教材ダウンロード　https://marugoto.jpf.go.jp/

③ おしあわせに！

1 📖 🔊51 けっこんの おいわいの カード

（メッセージを書く）

2 ✏️ 🔊52 📁

1 の カードに あなたの おいわいの ことばと なまえを 書きましょう。

学習の手順

1) あべさんが友人からもらった結婚祝いのカードであるという設定を確認して、何が書いてあるかをまず自分で読んでみる。文全体の意味やわからない言葉は推測すること。

2) ペアでカードに書いてあるメッセージの意味を確認する。

3) 全体で意味を確認する。

4) メッセージの内容や日本語の使い方など、読んで気がついたことを話し合う。

5) 自分だったら、どんなメッセージを書きたいか、各自考える。す
でに読んだものの中から選んでもいいし、自分で考えてもいい。

6) メッセージを書く。イラストを添えたり、色をつけたりしてもい
い。自由に。

7) 興味や必要があれば、自分でカードを作ったり、オンラインカー
ドを検索してみたりして、実生活の活動に近づける。

4. 第二言語習得プロセスを教室活動にどのように適用するか

　第2節でCEFRやJFSなどの枠組みでは外国語／日本語を授業で教える具体的な方法が言及されていないこと、そのため『まるごと』は第二言語習得研究の知見を取り入れて作られていることを述べました。第二言語習得プロセスを授業や教材作成に活かすためには、以下のようなことを考える必要があります。

a) インプットからアウトプットまでの活動の流れ

b) どんなインプットをするか（質と量）

c) 理解できるインプットを増やすために、どんなことを工夫するか

d) アウトプットの機会をどのように提供するか

e) 習得をうながすために、どのように言語知識を与えるか

（1）第二言語習得プロセスを組み込んだ授業の流れ

　ここで前節の事例 A の中で、特に③④⑤の活動の流れをもう一度見て
みましょう。

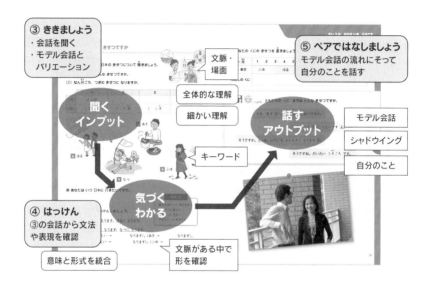

図 5：第二言語習得プロセスを組み込んだ授業の流れ

　③「ききましょう」では、まずイラストを使って文脈・場面を提示、
また選択肢のイラストを見てキーワードを確認します。質問は 2 つあり
ますが、1 つ目は全体的な理解を、2 つ目は少し細かい理解を要求するも
のです。文脈・場面の提示、イラストとキーワード、質問によって、学
習者は予測、推測の聴解ストラテジーを身につけていくのです。
　音声は会話に BGM（背景音楽）があるものとないものを聞きます。
BGM は会話の雰囲気を表すとともに、実はノイズでもあります。ノイ
ズがある中で聞くことは私たちが日常的に行っていることです。ノイズ
があっても気にしないで聞き続ける態度を入門時から養うことは、こわ

がらずに日本語で会話をするために大事なことです。

　次に④「はっけん」は聞いた会話をもとにして、表現形式と意味を統合することをねらいとしています。会話の文脈がある中で形を確認しますが、文脈があるからこそ意味の推測ができます。**「かつどう」では、用例観察をしてルールを発見するという帰納的方法を通して言語知識を学習**します。ですから教師は、学習者を答えに誘導することがあっても、自らは言わない。学習者が自力で答えに到達するのを待ってください。

　そして⑤「ペアではなしましょう」で、学習者は初めて会話テキストを声に出します。前述のように、会話の準備としてモデル会話を練習するだけでなく、シャドウイングの手法を使って口慣らしをしてもいいでしょう。シャドウイングは文が全部終わらないうちに繰り返し始めるという追いかけっこのような状態が起こるのですが、その良い点は、先を予測しながら発話できることです。「ペアではなしましょう」で話す内容、情報は自分のことです。クラスメイトと互いに自分のことを話すことで、交流の会話ができます。**教室でも本物のコミュニケーションをすることができる**のです。

（2）従来と異なる教師の役割

　本節冒頭で第二言語習得プロセスを授業や教材作成に活かすために必要な視点を挙げましたが、それに照らすと、次のように言えると思います。まず a)**インプットからアウトプットまでの活動の流れ**としては、1つの Can-do 会話を学ぶのに、聞く、気づく、話すという順番で第二言語習得の流れが組み込まれています。また、c)**理解できるインプットを増やすための工夫**としては、推測や予測をしやすくする、ノイズがあって少々わからないことがあっても聞き続ける態度を身につける、そしてe)**習得を促すためにどのように言語知識を与えているか**というと言語のルールを学習者自身が気づくようにする、という点があります。さらに

d）アウトプットの機会をどのように提供するかという点については、教室であっても自分のことを話しながらクラスメイトとの交流の機会を捉える、といったことが第二言語習得プロセスを教室活動に適用する上での『まるごと』「かつどう」の試みです。

　教師の役割は、従来の初級の教え方とはかなり違うかもしれません。『まるごと』の授業では、**教師は活動の指示や質問を出し、学習者が自分自身で学ぶように誘導**していきます。教師が中心になって話す時間は従来よりも少なく、教師がずいぶん静かだという印象があるかもしれません。しかし、耳や目からのインプットを取り込んで、その形式と意味を推測しなければならない学習者の頭の中は、ぐるぐる活発に働いているはずです。学習者の内部にそういう状態を引き起こすのが、教師の役割です。

（3）聴解テキストの質と量

　次に聴解テキストの質とそれを聞く量について見てみましょう。これは第二言語習得プロセスを授業や教材作成に活かすために必要な視点の、b）どんなインプットをするか（質と量）に関することになります。

　言語習得のためには、良いインプットが必要です。以下は「ききましょう」で聞いた４つの会話のスクリプトです。どんな特徴があるか、比べてみてください。

1
Ａ：日本は今、どんなきせつですか。
Ｂ：今、冬です。東京は寒いですよ。 　　みんなコートです。
Ａ：へえ、そうですか。 　　じゃ、いつごろ暖かくなりますか。
Ｂ：だいたい３月ごろです。
Ａ：ああ、３月ですか。

2
Ｃ：日本は今、どんなきせつですか。
Ｄ：東京は今、暑いですよ、夏ですから。 　　子どもたちは夏休みです。
Ｃ：へえ、そうですか。 　　じゃ、いつごろ涼しくなりますか。
Ｄ：だいたい９月ごろです。
Ｃ：９月。そうですか。

```
3
E： 日本は今、どんなきせつですか。
F： 今は春、暖かいですよ。
　　大阪は今、さくらがきれいですよ。
E： へえ、さくらですか。いいですね。
　　じゃ、いつごろ暑くなりますか。
　　7月ごろ？
F： そうですね。だいたい7月ごろ、
　　暑くなりますよ。
E： そうですか。
```

```
4
G： 日本は今、どんなきせつですか。
H： 今、秋です。涼しいですよ。
　　食べ物もおいしいです。
G： へえ、おいしいきせつ、いいですね。
　　じゃ、いつごろ寒くなりますか。
H： そうですね。だいたい12月ごろ、
　　寒くなりますよ。
G： ああ、12月ですか。
```

『まるごと』の会話のインプットには次のような特徴があります。

・ **同じ流れで、情報に違いがある会話が4つある**

個性の違う人物が複数（ここでは8人）登場しています。そしてこの
人物の状況や事情によって、同じトピックの会話でも情報が違ってく
るわけです。会話の流れ（談話構造）は同じなので、何度も聞いて慣
れるにつれて、情報が聞き取りやすくなっていくはずです。

・ **自然な日本語の特徴**

音声言語／話し言葉には、間投詞の使用、語の倒置や省略、縮約形
（〜ています→〜てます）、など、さまざまな特徴があります。『まる
ごと』は入門時からこれらの特徴を聴解テキストに取り入れていま
す。話す準備としてのインプットは、「文型」や「文法的正確さ」を
意識した「教科書会話」ではなく、できるだけ自然なものにすること
が望ましいからです。

・ **学習者にとって身近な場面と内容**

聴解テキストの内容は、交流場面で人間関係をつくるための日本語、
話をする人のことがわかるようになる会話です。抽象的なことや大げ
さなテーマではなく、日常的なことや自分自身を取りまくあれこれを
取り上げています。また、同じ人物がトピックを超えて何度も登場す

るので、前に聞いて知っていることをふまえて、新たにその人物について
さまざまなことがわかってきます。これは私たちが日常的なやりとりを通し
て人間関係を構築するプロセスに似ているように思います。

　聞く回数としては、「ききましょう」で8回以上、「はなしましょう」
でシャドウイングをしながら2〜3回、「はっけん」で部分的かもしれま
せんが、数回。このように、いろいろな人物による同じ構造を持った会
話を10回以上は聞くことになります。これが習得のためのインプットと
して十分なのかどうか、実はわかりません。しかし、現実の生活で違う
人たちが同じような会話をするのを聞くチャンスがあったとしても、そ
れを意識的に10回も捉えられるとは考えにくいのではないでしょうか。
こういうことができるのが、教材を使うメリットだと思います。

5. 話すことは聞くことから始まる

　本章は、課題遂行型の日本語教育をどのようにして実践するかという
テーマのもと、課題遂行能力のうち特にコミュニケーション言語活動（や
りとり／会話）を育成するための授業設計を中心に取り上げました。そ
のためにコースブック『まるごと』「かつどう」に焦点を当てて解説を試
みました。
　課題遂行型の日本語教育の枠組みである JFS の準拠教材であることか
ら、『まるごと』の設計には、「相互理解のための日本語」という JFS の
理念のもとに、JFS と CEFR 共通のレベル設定と Can-do が組み込まれ
ています。また、トピックを軸に言葉と文化に関する学習内容が展開し
ていきます。

Can-do は運用力の養成を目指す授業の場合、学習目標としてとても重要です。Can-do は日本語を使う言語活動なので、授業で何を学ぶか、学習成果をイメージしやすいものです。一方、CEFR や JFS などの枠組みは言語の教え方を指南するものではありません。目標に到達するには、日本語をどうやってどんな手順で教えるのがよいのか、『まるごと』はその拠り所を第二言語習得研究の知見に求めました。話すことは聞くことから始まるという第二言語習得プロセスに従って教室活動を設計した結果、『まるごと』の授業は音声言語重視で、「聞く→気づく→話す」という流れを持っています。推測や予測のストラテジーを使って聞き、さらに言語形式とその意味を学習者自身に発見させるという活動を行い、最後に会話をするのです。自然な音声をよく聞く、何度も聞く、話す前に聞く、ということは、聞くことが言語への気づきを促し話すことにつながるという第二言語習得のメカニズムに基づいています。

　聞く内容は、学習者にとって現実的な場面と話題を持った交流の会話で、相手の話すことに興味を持って聞けるような相互理解のための会話です。ふつうの人たちがふつうに話す、日常の会話を聞いていきます。さらに、聞く内容は話す内容でもあります。交流場面における身近な話題で、自分のことを話しながら教室でクラスメイトと本物の交流会話を実行します。そして、授業が終わったら目標達成ができたかを、再度、目標 Can-do を使って自己評価をします。

　このように、『まるごと』は JFS をベースにする一方で、教え方についてはその理論的根拠を第二言語習得研究に求めています。この 2 つの柱のもとに、学習目標、授業の内容・方法、そして評価が整合することが、授業設計の観点から最も大事です。

① 『まるごと』以外の JFS 準拠教材を見てみましょう。レベル、素材の選び方、学習目標、設問、活動の流れなどに注意して、課題遂行型の教材としての特徴を見つけてください。

- 「いろどり　生活の日本語」
https://www.irodori.jpf.go.jp/

- JFS 準拠読解教材
「みんなの教材サイト」TOP > 素材を探す > JFS 教材を探す
https://www.kyozai.jpf.go.jp/kyozai/material/jfs/home/ja/
render.do

② 会話の授業を教えたことがある人は、自分の授業の流れや教え方をふり返ってみましょう。課題遂行型の授業として学習者の会話力をもっと上げるために、何か変えられる点がありますか。

第 **3** 章

///////////////////////////////////

課題遂行型の授業設計 2

コミュニケーション言語能力

第3章では、課題遂行を実現するコミュニケーション言語能力（文字、語彙、文法などの言語項目の知識）の育成を扱います。その具体的な事例として、第2章に引き続き JFS 準拠の教材『まるごと日本のことばと文化』を取り上げ、「りかい」の授業を紹介します。

課題遂行はコミュニケーション言語活動とコミュニケーション言語能力の両面から表すことができますが、本章で扱うコミュニケーション言語能力は、日本語の表現や言語項目を通してコミュニケーション言語活動を支える役割を持っています。言語項目なら、今、広く行われている文型中心の授業でも十分教えていると思われるかもしれません。しかし、今までの教え方では言語項目が具体的な課題遂行につながっていないため、学習者はどんなときに使うのかよくわからないまま文型を学んでいるのではないでしょうか。課題遂行型の教え方は文型中心型とどのように違うのか、本章ではその点も明らかにします。

1. 課題遂行のための言語能力の育成とは

　コミュニケーション言語能力の育成について述べる前に、これについてもう一度整理しておきます。第2章で述べたように、コミュニケーション言語能力は、大きく言語構造的能力、社会言語能力、語用能力の3つに分けられます。学習者が多いA1、A2、B1レベルで具体的に扱うのは、それぞれ以下のような内容になります（表1）。そのなかでも最も比重が大きいのは言語構造的能力です。

表1：A1～B1レベルのコミュニケーション言語能力で主に扱う内容

コミュニケーション言語能力	言語項目や内容
言語構造的能力	文字、発音、語彙、文法
社会言語能力	敬語やくだけた表現（相手や場面による使い分け）
語用能力	やりとりや産出における談話構成、発言方法や接続詞の使用（話のまとまりを作る） 話し言葉の流暢さ

　課題遂行のための言語能力の育成とは、上記のような項目を課題（Can-do）と結びつけて教える／学ぶことです。以下、（1）言語項目を課題と結び付けるとはどのようなことか、（2）言語項目のなかでも教え方の議論が多い文字をどう考えるか、の2つの点から見ていきます。

（1）言語項目と課題（Can-do）のつながり

　コミュニケーション言語能力の育成とは、コミュニケーション言語活動（課題／Can-do）のために必要な表現や言語項目（語彙や文型など）を学習することです。ここで大事なのは、**言語項目を教えるために課題**

を選ぶのではなく、**課題に必要な言語項目を教えるという関係性**です。

　今までの文型中心の日本語教育では、文型を教えることが優先され、提示する順序には指導上の効率性が考慮されました。動詞の活用形を1つ学ぶと、続けて同じ活用形を使った文型を学ぶような順序です。例えば、「動詞（て形）＋ください」、「動詞（て形）＋います」が教科書の中で前後して教えられていることがあります。[*1]　同じ活用形を使う文型を続けて学ぶと定着しやすいと考えてのことですが、これらの文型に関連性のある課題があるわけではありません。また、「動詞（て形）＋ください」を1つとって見てみると、例文や練習問題の中に、教室や会社、家庭などのさまざまな場面と、指示や依頼、勧めなどの複数の機能が混在している教科書があります。このような授業で学んだ場合、学習者の注意は文型を正しく覚えることに集中するでしょう。その結果、**活用形や文型は正しく言えても、どんな場面でどう使ったらいいか自信が持てない学習者を多く育ててしまっている**ように思います。

　課題遂行の授業では、まず課題を想定します。教えるのは、その課題で使われる語彙や表現、談話です。そして、最後に必ずその言語項目を使って、学習者が自分の内容で課題を達成します。**文型を教えるための会話ではなく、課題（目的のある会話）ができるようになるための言語項目を学んでいく**ということです。この学び方が学習者にとって実際に使える言語知識を育成することになるのです。

（2）文字学習の考え方

　課題遂行型の日本語教育においては、文字学習も実生活上の課題（Can-do）や文字を使う場面や文脈と関連付けて行います。例えば、『ま

---

*1　「て形」は日本語教育で扱う動詞の活用の名称（例：聞いて、見て、話して、など）。動詞の活用形として最初に教えられることが多く、1グループの動詞（五段動詞）の音便形は初級の最初の難関と言われる。

るごと』の入門（A1）レベルの読む課題として考えられるのは日時や場所、料理名などの情報を取ること、書く（書き写す）課題は自分の名前や住所などが考えられます。初級（A2）レベルでは親しい人へのある程度定型化されたメッセージなどがあります（P49、第2章3節の事例B）。一般に、文字を書くよりもむしろ読む機会のほうが多いことを考えると、**日本語学習の初期の学習者に必要なことは、文字が読めること、それも自分が学んだ言葉や知っている表現を見た時にそれと理解することです。**

　また、漢字学習においては、個々の漢字にレベルがあるのではなく、特定の課題にその語が漢字で必要かどうか、つまり**課題遂行上その語を漢字で読む、意味を理解する、または書く必要があるかどうか**を重視します。

2. 言語能力育成のための授業設計の事例 『まるごと』「りかい」

　では、言語能力の育成を目指す授業の事例として『まるごと　日本のことばと文化』（以下、『まるごと』）初級1（A2）「りかい」を見ていきます。

（1）何を教えるか：内容一覧

「りかい」の内容一覧を見てみましょう（図1）。第2章で見た「かつどう」では、シラバス（学習項目）として学習目標のCan-doとその達成に必要な主な表現が書かれていますが、「りかい」では、「ことば」と「かんじ」、その課で学ぶ言語項目を含む「かいわとぶんぽう　きほんぶん」、その言語項目を使った「どっかい」と「さくぶん」のタイトルが書かれています。

「かつどう」と「りかい」はトピックと課の内容を共有し、「りかい」の基本文は「かつどう」の主な表現を文型や文法項目として取り上げたものになっています。このつながりによって、コミュニケーション言語活動とコミュニケーション言語能力が関係づけられているのです。

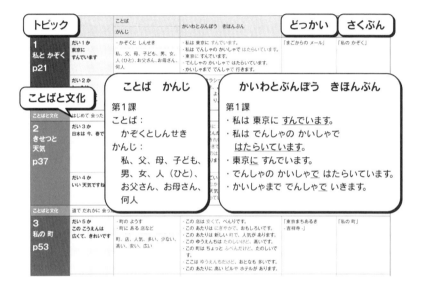

図1：ないようれちらん（抜粋）　初級1（A2）「りかい」

第1課の「かつどう」で取り上げる Can-do の達成に必要な表現と、「りかい」で取り上げる基本文（文法、文型）を比べて見てみましょう（表2）。「かつどう」では、家族や自分が住んでいるところやしていることを言うとき、「～て（で）います」という表現を使うこと、そして話し言葉では「います」の「い」が聞こえない（発音しなくてもよい）ことを学びます。

　一方、「りかい」では「かつどう」の Can-do で使われる表現を文型として取り上げ、習慣的な行動や動作の継続を言う時に「～て（で）いま

す」という文型を使うこと、動詞のグループから異なる「て形」に変化すること、3つの助詞の使い方を学びます。[*2]

表2：「かつどう」の表現と「りかい」の基本文の比較（トピック1　第1課）

かつどう		りかい
Can-do	表現	基本文
家族や自分がどこに住んでいるか、何をしているか簡単に話します。	私たちは東京に住んで(い)ます。私はホテルで働いて(い)ます。	私たちは東京に住んでいます。私はホテルで働いています。東京に住んでいます。電車の会社で働いています。会社まで電車で行きます。

（2）どうやって教えるか：各課の構成／授業の流れ

『まるごと』「りかい」の各課の構成と授業の流れは図2のようになっています。

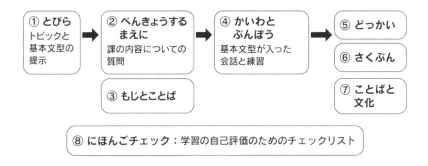

図2：課の構成　初級1（A2）「りかい」

---

*2 「りかい」では、「い」の脱落のような話し言葉の特徴は文法説明に翻訳付きで記してある。これも課題遂行と言語項目を関連付けて学ぶための方策。

各パートの目的は以下の通りです。

① とびら：
各トピックの冒頭のページで、トピックと基本文を提示する。

② べんきょうするまえに：
課の内容についての質問を読んで、どんなふうに答えるか、考える。

③ もじとことば：
課で使う文字と言葉の練習をする。

④ かいわとぶんぽう：
基本文が入った会話を提示し、基本文の練習をする。「かいわとぶんぽう」は各課に2つか3つある。

⑤ どっかい：
課の内容に関連した短い文章を読む。

⑥ さくぶん：
課の内容に関連した短い文章を書く。

⑦ ことばと文化：
課の内容に関連して、会話の中に現れる日本語の使い方の文化的な特徴について考える。

⑧ にほんごチェック：
授業後、基本文の文法・文型の学習結果を自己評価する。

「りかい」は1課当たり120分の授業時間を想定しています。また、教室では必要に応じて日本語以外の共通言語も使います。

(3)『まるごと』「りかい」の授業の実際

　以下、具体的な事例は第2章と同じように『まるごと』初級1（A2）のトピック2、第3課を使って紹介します。事例Aでは言語項目の学習として①～④を、事例Bではまとまったテキストを通した言語項目の練習として⑤と⑥を見ていきます。なお、⑦ことばと文化については第5章で、⑧にほんごチェックについては第4章で取り上げます。

◆ 事例A　言語項目の学習

　　『まるごと』初級1（A2）「りかい」P37

　　トピック2：きせつと天気　第3課：日本は今、春です

　基本文　・3月ごろ　だんだん　あたたかく　なります。

　　　　　　・私は　あついのは　好きじゃないです。

　　　　　　・夏休みが　ありますから、夏が　いちばん　好きです。

① とびら

　この課でどんなトピックでどんな文を学習するのか確認します。とびらに書いてある基本文には、課の学習項目となる文型や文法項目が含まれています。

学習の手順

1） 写真を見てトピックについて想像したり、知っていることや経験したことを話したりして、トピックに対する興味を高める。

2） 教師が基本文を音読して、学習者がその意味を考える。

3） 教師の音読の代わりに学習者が基本文を黙読か音読してもよい。

② べんきょうするまえに

とびらの次に「べんきょうするまえに」があります。質問を読んで答えを考えながら、これから学習する内容を予想します。質問に日本語でうまく答えるには、この後「かいわとぶんぽう」で学ぶ基本文を使うようになっていますが、ここではまだ答える内容を考えるだけで十分です。それを日本語でどう表現するのか知りたくなることを期待しています。

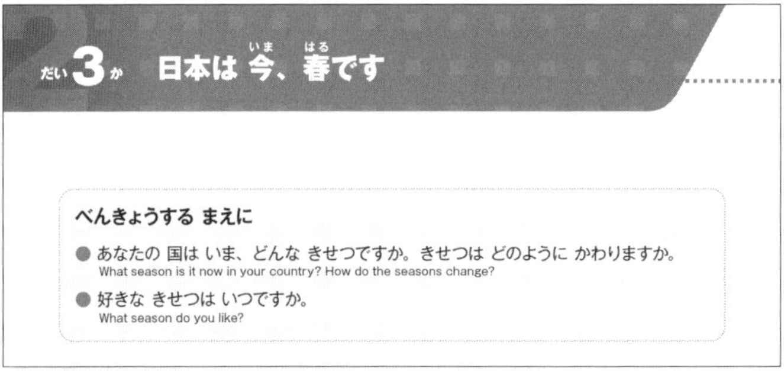
だい3か　日本は 今、春です

べんきょうする まえに

● あなたの 国は いま、どんな きせつですか。きせつは どのように かわりますか。
What season is it now in your country? How do the seasons change?

● 好きな きせつは いつですか。
What season do you like?

学習の手順

1） 教師が質問文を音読し、学習者は質問の意味を確認する。各自、質問文の下についている訳文を読む。

2） 母語などで自分なりに質問に答えてみる。日本語でももちろんよ

いが、この時点では正しく完全に答えられなくてもかまわない。

③ もじとことば

　ここではトピックに関連する言葉を、意味や使い方による整理をしな
がら学習します。[1] と [2] がトピックの関連語、[3] がディクテー
ション、[4] が漢字の読み方です。

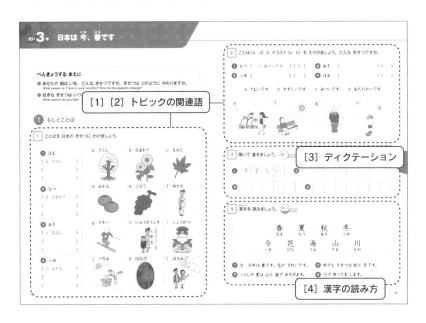

[1] トピックの関連語：この課では、日本のそれぞれの季節を代表する
ものを紹介しています。イラストを見て名前と一致させ、どの季節のも
のか分類します。

1) 日本の季節の名前と大体の時期を確認する。

2) a〜lまでのイラストを見て、言葉を確認する。

3) a〜lを関連ある季節のどれかに分類する。

4) 答えを確認しながら、知らないものや分類できないものがあったら、学習者のなかで説明できる人がいるかどうか聞く。学習者によって既有知識や経験の量にも差があることが前提。情報だけでなく、その情報源や経験を話し合うことにも意味がある。

[2] トピックの関連語：季節と季節に合う形容詞のマッチングをします。

1) 季節のイラストを見て、適当な形容詞を選ぶ。

2) イラストがなぜその季節だとわかるのか話し合ってもよい。

このように、言葉の練習には媒介語のいらないイラストを使ったものが多いのですが、ほかの課には、対義語や文脈に合う言葉、コロケーション（一緒に使われる言葉の組み合わせ）を選ぶものなど、言葉のつながりや使い方を考える練習もあります。

[3] ディクテーション：それぞれの課のトピックのキーワードを音声教材で聞いてかなで書きます。第3課では、①「すずしい」（例題）、②「すきなきせつ」、③「はるのはな」、④「ふゆのスポーツ」を聞いて書きます。②〜④のように単語だけでなく、よく使われる言葉の組み合わせになっているものが多く含まれています。

1)　音声を聞いて、言葉を認識する。

2)　1マスに1拍に相当する文字を書く。マスは拍数のヒントになる。(例:サッカー「サ／ッ／カ／ー」4マス、りょうしん「りょ／う／し／ん」4マス)

[4]漢字の読み方:トピックのキーワードの中から漢字表記されることが一般的であるものを選び、課の内容に関係がある短文の中に入れて読みます。第3課では、四季の漢字と四季の変化や活動に関連した語の漢字を取り上げています。

1)　音声を聞きながら漢字を見る。

2)　例文を音読する。

3)　漢字のフラッシュカードやパワーポイントのスライドに1語ずつ書いたものを見て読む。

　1節（2）で述べたように、『まるごと』の文字学習についての基本的な考え方は、学習した言葉や知っている言葉がかなで読める、書けるようになることです。漢字は、知っている言葉の漢字表記がわかること、読んで意味がわかることが目標です。授業時間を使って書き方の提示や書く練習をすることはありません。

④ かいわとぶんぽう

「かいわとぶんぽう」は、以下の流れにそって学習します。ここでは第
3課「べんきょうするまえに」の2つ目の質問「好きなきせつはいつで
すか」に答えるための文型・文法を扱った部分を例に見ていきます。

　ほとんどの文型・文法は以下のような流れで提示し、練習します。

　（1）意味と形を確認する：会話文と構造図
　（2）既習項目との違いを分析する：正しい形を選ぶ練習
　（3）活用形や部分的な産出をする：正しい形を書く練習
　（4）意味と形をつなげて文を作る：聴解を使った文型練習
　（5）文型を使って自分のことを言う：会話文の練習

（1）意味と形を確認する：会話文と構造図

「かいわとぶんぽう」の会話は、「べんきょうするまえに」の質問を含ん
だ内容になっています。会話の下には文型の構造やルールを視覚的に示
す構造図があります。

1) 会話を聞く前に、学習者はイラストを見て内容を想像する。会話の登場人物の名前も確認するとよい。

2) 文字を見ないで会話を聞き、1）で想像したことと合わせながら、内容を大まかに理解する。

3) 文字を見ながら会話を聞く。登場人物の「好きな季節はいつですか」の答えに当たる部分に下線を引いてもよい。

4) 会話の意味を確認する。

5) 構造図を見て、該当する文を指摘したり、3）と違う色で下線を引いたりする。

「りかい」の会話は、会話としての自然さを損なわないようにしながらも、言語項目をはっきり文字で見られるように作られており、音声教材はBGM（背景音楽）があるものとないものの2種類用意されています。また、構造図の下に英語などで意味や機能などが簡潔に書いてあります。*3

（2）既習項目との違いを分析する：正しい形を選ぶ練習

　この練習では、今までに学習して知っている形との違い、つまりどんなときに「の」をつけるのか考えます。学習項目を提示した後、いきなり語の形を変えて文を作る練習はしません。学習者自身が比較したり分析したりすることで文法のルールを自分で整理します。教師と学習者の間に共通言語があれば使って確認します。ない場合も学習者が主体的に

─ *3　英語以外で制作された海外出版の情報は
　　　まるごとサイト　https://marugoto.jpf.go.jp/　『まるごと』って？＞『まるごと』海外版　を参照。

言語化、視覚化して整理することが大事です。こうすることで教師の一方的な説明を避けることができます。

① ただしい ほうを えらびましょう。　041

❶ 私は （ⓐ 春　　b 春の ）が 好きです。

❷ 私の ねこも （ a あたたかい　　b あたたかいの ）が 好きです。

❸ あべさんは （ a さむい　　b さむいの ）きせつが 好きです。

❹ 私は 花見の パーティーが にがてです。
（ a にぎやか　　b にぎやかなの ）は 好きじゃないです。

学習の手順

1) クラス全体で❶（例題）をやってみる。選ぶだけでなく、その理由を学習者ができるだけ考えて話す。

2) 一人で❷〜❹の問題の答えを選ぶ。

3) 2）で選んだ答えが正しいかどうか、下のA、Bの方法で確認する。

 A) ペアやグループを作って、学習者同士で確認する。なぜその答えを選んだのかを話し合う。その表現はどんな言葉と一緒に使われるか考えたり話し合ったりするように促す。

 B) 「きいてチェックしましょう」の音声で正解を聞く。間違えた人がいる問題を中心に、なぜ間違えたのか、理由を考えて話す。

B）では自分の答えが聞こえてくることを予想しながら正解の音声を聞いていきます。つまりこれは予想をしながら聞くという聞き方のストラテジーを使う練習にもなります。

簡単な問題の場合、上記の2つの方法で確認すると時間がかかるので、

どちらか１つを選択してもいいでしょう。いずれにしても、大切なことは学習者自身がルールを考え、言語化することです。この場合は、「好きです」「好きじゃないです」に続く形は、名詞なら「の」は不要、形容詞なら「の」をつけるということです。そして、❸のように（　）の後に名詞が続く場合は「の」を使わないという少し異質な問題も混ぜることで文法に対する意識を高めます。

（3）活用形や部分的な産出をする：正しい形を書く練習

　次に基本文にある文法を使って文を完成する練習をします。この練習では、与えられた形容詞に「の」をつけて名詞化します。よく見られる文型練習（変形ドリル）です。

---

② ただしい かたちを 書きましょう。 🔊 042

　　夏休みに、海に 行きますか。山に 行きますか。

A：山です。私は（ すずしい →　　すずしいの　　）が 好きです。

B：私も 山です。（ あつい →　　　　　　　　　）が にがてです。川も 好きです。

C：私は ともだちと 海に 行きます。（ にぎやか →　　　　　　　　）が いいです。

D：私は 山に 行きます。（ しずか →　　　　　　　）が 好きです。

学習の手順

1）　吹き出しの質問「夏休みに、海に 行きますか。山に 行きますか。」を読む。学習者は自分の場合は海か山か、どちらか手を挙げてもよい。

2）　問題文のＡ〜Ｄの人が何と言っているかカッコの中の言葉を使って文を作るように言う。

3）　学習者同士または音声教材を使って解答を確認する。

前の練習（（2）既習項目との比較、分析）と違って、こちらはすべて「の」をつけて名詞化しますが、イ形容詞かナ形容詞かが注目する点です。一般に解答の確認には、学習者が自分の解答の文を音読したり、教師が正解を言った後で学習者全員で正解の文をリピートしたりする方法がよく行われていますが、これは時間がかかるだけでなく、学習者は文を繰り返すだけで意味を考えなくなる恐れがあります。（2）の練習で紹介した学習者同士の確認か、音声を使った確認に方法を変えて、音読やリピートの時間を減らしましょう。そして、自分のことを言う活動（5）に時間を使うようにしてください。

（4）意味と形をつなげて文を作る：聴解を使った文型練習

　最初に好きな季節と理由を言う会話を聞き、次にその答えを利用して学習している文型を使った文を作ります。聴解問題の解答が文型練習（代入ドリル、完成ドリル）のキュー[*4]になっています。

1) 聴解練習の指示と選択肢を確認する。この練習では、4人の好きな季節とその理由のキーワードを聞き取って選択する。

2) 会話を1つずつ聞く。学習者が希望すれば複数回聞いてもよい。

3) 聴解の解答を確認する。ペアやグループで学習者同士確認し、わからないことがあれば全体で取り上げる。

4) 聴解の解答（好きな季節と好きな理由のキーワード）を使って、接続助詞「から」でつなげた文を作る。❶Aさんの場合、「スキーができますから、冬が好きです」となる。

5) 文を作る練習の答えを確認する。音声教材でチェックしてもよい。

　以下の聴解スクリプトを見るとわかるように、答えが会話の中でさりげなく繰り返されていて、学習者の聞き方（解答作業）を助けています。実際の授業では学習者はスクリプトを見ないで聞きます。

聴解スクリプト

①
Q：どの季節が好きですか。
A：私は冬が好きです。
Q：冬。どうしてですか。
A：スキーができますから！
Q：ああ、スキーですか。

②
Q：どの季節が好きですか。
B：私は夏が好きです。
Q：夏！どうしてですか。
B：長い休みがありますから！
Q：ああ、夏休みですね。

─ *4　キューとは、文型ドリルの時に学習者が文を作るために、入れ替えたり変形したりして使う言葉のこと。

③	④
Q：好きな季節はいつですか？ C：好きな季節は春です。春が好きです。 Q：そうですか。どうして？ C：私は寒いのが苦手ですから。 Q：ああ、寒いのが苦手。そうですか。	Q：好きな季節は？ D：秋です。私は秋が好きです。 Q：どうしてですか。 D：秋は果物がおいしいですから。 Q：ああ、そうですね。 　　秋は果物がおいしくなりますね。

「りかい」には、しばしば聴解と文作成を組み合わせた練習が出てきます。このような、会話を聞いて再構成して文を作る練習は、キューを教師から与えられたり文字で見たりするのとは異なり、学習者は音声インプットを理解してアウトプットにつなげるという流れを経験できます。

(5) 文型を使って自分のことを言う：会話文の練習

　最後に、下の練習③で、最初の会話文を練習したり自分の内容を言ったりする練習をします。この部分の目的は、学習した文型を使って自分のことや自分で考えた内容を言うことです。

③ 1 の かいわを れんしゅうしましょう。

　あなたは どの きせつが 好きですか。どうしてですか。

　私は ＿＿＿＿＿＿＿＿＿＿＿＿＿＿＿＿＿ から、＿＿＿が 好きです。

学習の手順

1) 「かいわとぶんぽう」の最初の会話を音読練習したり、シャドウイングしたりする。

2) 自分自身の答えを入れて会話をする。

3) 「私は～から、～が好きです。」の自分の文を作って言う。ここま

で会話文や問題文で読んだり聞いたりしたたくさんの例のどれか
をそのまま使ってもよい。

　同じ話題と課題（Can-do）でつながっている「りかい」と「かつどう」
ですが、「りかい」では、「かつどう」と異なる言語形式や内容も盛り込
まれています。「かつどう」の後で「りかい」を使用する学習者は、より
多くの言語形式と練習問題に触れ、より豊かに、また流暢に表現できる
ようになるでしょう。

◆ 事例 B　まとまったテキストを通した言語項目の練習

⑤ どっかい

「りかい」の読解は、言語能力の育成を目指しています。その課で学ん
だ言語項目を、文字を媒体とする課題や文脈の中で理解します。第 2 章
で紹介した「かつどう」の「よみましょう」との違いは、「かつどう」で
は実生活の中の課題遂行としての読みであり、入門（A1）、初級（A2）
レベルでは文字や単語、短文の拾い読みが多く、文脈や視覚情報の助け
を借りた情報処理が中心になっています。「りかい」の読解では、「かい
わとぶんぽう」の会話テキストで学んだ文型や語彙を課全体で統一され
た文脈の中で読んで理解することを目的としています。読むテキストは
メールなどの通信文もありますが、学習者にとって必ずしも実生活上必
要な課題と捉える必要はありません。言語項目や読み方の練習として内
容を理解することを目指します。

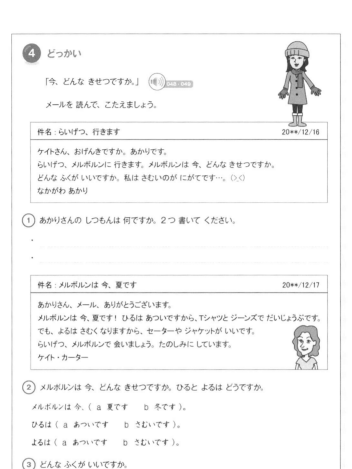

4 どっかい

「今、どんな きせつですか。」 🔊 048・049

メールを 読んで、こたえましょう。

件名：らいげつ、行きます   20＊＊/12/16

ケイトさん、おげんきですか。あかりです。
らいげつ、メルボルンに 行きます。メルボルンは 今、どんな きせつですか。
どんな ふくが いいですか。私は さむいのが にがてです…。(>_<)
なかがわ あかり

---

① あかりさんの しつもんは 何ですか。2つ 書いて ください。

・ _____

・ _____

件名：メルボルンは 今、夏です   20＊＊/12/17

あかりさん、メール、ありがとうございます。
メルボルンは 今、夏です！ ひるは あついですから、Tシャツと ジーンズで だいじょうぶです。
でも、よるは さむく なりますから、セーターや ジャケットが いいです。
らいげつ、メルボルンで 会いましょう。たのしみに しています。
ケイト・カーター

---

② メルボルンは 今、どんな きせつですか。ひると よるは どうですか。

メルボルンは 今、(a 夏です   b 冬です)。

ひるは (a あついです   b さむいです)。

よるは (a あついです   b さむいです)。

③ どんな ふくが いいですか。

ひる：(   ) (   )   よる：(   ) (   )

学習の手順

1) 読む前に、テキストの形式に注目する。タイトルを確認したり、
書き手や読み手、場面・状況や目的を考えたりすることから始め
る。メールには件名や日付がある。本文を読む前にメールの一般
的な書き方、つまりどこに何を書くか、書かれているかを学習者

と話し合う。個人的なメールには決まった書式はない。学習者が持っている既有知識や背景知識、経験などを出し合って考えてみる。また、教材についているイラストにも内容理解のヒントが含まれている。

2) ①の質問を確認してから1つ目のメールを黙読し、解答を書くか、該当する部分に下線を引く。

3) ①の解答を確認する。この課で学習した基本文を探して、あかりさんがメールで①の質問をした理由を考える。

4) ②と③の質問を確認してから2つ目のメールを読み、解答する。

5) ②と③の解答を確認する。

　時間があれば、内容を伝える本文と挨拶や呼びかけ、名乗りなどの社交的な部分の位置や書き方（談話構成）を確認してもいいでしょう。

　読解のテキストには音声がついています。読解の解答を確認した後で、文字を見ながら音声を聞くためのものです。文字に十分慣れておらず読むスピードもまだ速くない学習者にとって、これは漢字の読み方の確認や一定のスピードで文字を目で追って理解する黙読の練習になります。一般的には読解のテキストを使って音読練習することもよくありますが、『まるごと』では音声を聞いて黙読の練習をするようにしています。

⑥ さくぶん

「りかい」の作文は、実生活の具体的な課題とは限りませんが、習った文型や文法を使って学習者自身にとって意味のある内容を書く活動になっています。学習した基本文の使用が目的ですが、書く目的と読み手を設定することで実際の運用を意識した練習をします。

さくぶん

「好きな きせつ」 📁

あなたの 国の きせつについて 外国の ともだちに しょうかいしましょう。

> <u>日本には</u> きせつが <u>4つ</u> あります。
> <u>春、夏、秋、冬</u>です。
> <u>私は あたたかいのが 好きです</u>から、<u>春</u>が 好きです。
> <u>春は 3月から 5月ごろ</u>です。
> <u>私は 春に よく りょこうします</u>。

_____には きせつが _____ あります。

_____です。

_____から、

_____が すきです。

_____は _____です。

わたしは _____に _____

● ぜんぶ じぶんで 書いてみましょう。 (→p167)

学習の手順

1) 指示文を読む。

2) 学習者各自でモデルテキストを黙読し、内容を確認する。

3) モデルテキストの構成（作文の流れ）、習った文型をどこで使うか、個別の内容をどこに書くかを確認する。この作文の場合、同じ国や地域の出身者でも3行目からは人によって内容が異なる。自分らしい文を書くことが大事。

書き方は手書きでもキーボードなどの入力でもどちらでもかまいません。手で書いてみたいがまだ慣れていない人のために、紙面ではグレーの文字でなぞり書きができるようになっています。[*5]　自分で内容を考えながら書く作業が、同時に文字の練習にもなっています。完成したテキストは、学習者同士で読み合ってもいいと思います。テキストの談話構成が同じですから、読みやすく、内容の違いもすぐに気づけるでしょう。

このレベルの学習者にとって、これだけの長さのテキストを一人で書けたという経験は達成感が得られるものになります。書いた作文は学習成果として保存します。

3. 『まるごと』「りかい」の授業の特徴

（1）文脈化と音声利用

第 2 章では、課題遂行型の日本語教育で取り入れた、以下の第二言語習得プロセスを紹介しました（図 3）。その中で言語知識の果たす役割は、①意味と形式の照合によってインプットの理解を進めることと、②アウトプットの際に自身の発話をモニターすることの 2 つだと言われています。ここで注意したいことは、言語知識が運用力、つまり使える日本語には必ずしもつながらないということです。そして、アウトプットにつながる、使える力を身につけるにはインプットが欠かせないのです。『まるごと』は、「りかい」の言語能力の育成においても、第二言語習得のプロセスの知見が取り入れられています。以下で説明する **（a）インプット理解を助ける文脈化**と、**（b）多様なインプットを増やす音声利用**がその

ー *5　『まるごと』サイトでは、教材リソースとして、なぞり書きのガイドがないフォーム（用紙）の PDF ファイルも提供されている。「さくぶん」は『まるごと』本冊の奇数課に掲載されているが、サイトには偶数課のものもある。

具体例です。

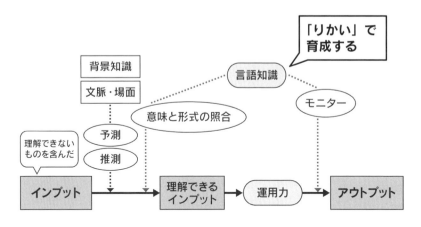

図３：第二言語習得プロセス　　　　　国際交流基金（2008a）P8

a）インプット理解を助ける文脈化

　文脈とは言葉が使われる場面や状況を指します。文脈は学習者がインプットを理解する際に予測や推測を働かせる大きな助けになります。これまで見てきたように「りかい」では、言語項目の学習のための会話や問題文など、１つの課の中の文脈（トピック・場面）はすべて統一されています。**耳や目から入る情報すべてが同じ文脈でつながりを持っているため、学習者の理解をスムーズにし、混乱させることがありません。**同じ文脈でも、その言葉を発する人の生活や好み、価値観などの多様性が表れているので単調にならず、学習者自身や周囲の人を思い浮かべながら学ぶことができます。このように文脈化された練習は学習しやすく、習得につながるインプットになることが期待できます。

b）多様なインプットを増やす音声利用

「りかい」を言語項目（文型・文法）の教科書だと考えている人の中に

は、音声教材が多いことに驚く人がいます。豊富なインプットは言語習得には必須のものですが、言語項目の学習に音声教材を利用する目的は、単に聞いて理解することだけではありません。練習問題に解答した後予測して聞くストラテジーを使って正解を確認する聞き方や、聞いた内容を別の形で再構成して表現する活動、読解テキストの黙読など、音声教材にはさまざまな目的や聞き方があります。

　一般に日本語の授業では問題文や選択肢、キュー、モデルの多くが文字（だけ）で提示され、授業中に文字を音読することが多いようですが、これは話すことの流暢さから学習者を遠ざける原因になりうるのではないかと思います。**話せるようになるためには、練習の際にも文字に頼り過ぎないことが必要**です。

（2）文型中心の日本語授業との比較

　ここで本章の最初に述べたように今までの文法指導と『まるごと』「りかい」の「かいわとぶんぽう」の文法指導を表3で比較してみましょう。

　今まで多くの日本語教育の現場で行われてきた文型中心の日本語授業では、文型が使われる文脈や目的を統一しないことで、幅広いコミュニケーションに対応できるようになると考えられています。そのため、文型の導入には、教科書に出てくる用例や練習文のそれぞれの文脈（トピック・場面）の中から学習者にとって身近でわかりやすそうなものを教師が選び、絵カードや図解・日本語または媒介語による説明、学習者との問答などを通して行います。

　多様な文脈の基本練習の後で、コミュニケーションゲームが行われることもあります。機械的なドリル練習にゲームの楽しさが盛り込まれます。そこでは意味のあるやりとりをすることもできますが、ゲームの性質上、やりとりの実用性は高いとは言えません。言語項目の正しい形を重視するために、基本練習を丁寧に行ううちに時間切れになり、応用練

習が省略されてしまうことも珍しくありません。学習者にとって本当に必要な場面での実用的な練習は、授業時間が足りずに、できないまま終わることもしばしばあったかと思います。

　一方、『まるごと』「りかい」の「かいわとぶんぽう」では、導入は、写真を見て学習者の経験や知識を共有しながら、課全体で統一された文脈（トピック・場面）を提示することから始まります。続いて、「べんきょうするまえに」の問いかけに答え、「かいわとぶんぽう」の会話を文字を見ながら聞きます。したがって教師は文脈や場面の選択に迷うことがありませんし、その分、準備の負担も軽くなります。

　さらに、構造図を見て理解したことを学習者が練習問題で確認し、自分の言葉で言語化することも「りかい」の特徴です（2）。練習（3）は、今までの文法指導でもよく見られる形式ですが、（4）は、同じ文脈で同じ文型が使われる聴解と文型練習を統合し、意味と形を考えて取り組む練習です。

　このように「りかい」は、教師も学習者もあれこれ迷うことなく、最後にしっかり自分のことが言えるような授業の流れで作られています（5）。さらに、応用練習ではありませんが、「どっかい」や「さくぶん」も文脈が統一してあるので、唐突な印象なく文型の学習として使うことができます。

　文脈を広げて教える一方で、自分のことを話す時間がなくなることもある今までの方法と、課全体で1つに絞った文脈で最後に自分のことを話す練習がしっかりできる「りかい」の方法を比べてみてください。日本語で何かが確実にできるように設計された授業はやはり後者なのではないでしょうか。

表 3：文型中心の日本語授業と『まるごと』「りかい」の「かいわとぶんぽう」
の比較 *6

授業の構成	文型中心の日本語授業	『まるごと』「りかい」の「かいわとぶんぽう」
導入（提示と説明）	・ 教師による発話例と文脈の提示（発話例のための限定的な文脈） ・ 教師による図解や説明（文型提示や説明から入る場合もある） ・ 学習者との問答で理解を確認	・ 課全体で統一された文脈（トピック・場面）の提示 (1) 意味と形の確認： ・ 文字を見ながら会話を聞く ・ 構造図で文型の意味と形を確認する (2) 既習項目との比較、分析：学習者による言語化
基本練習	・ ドリル練習（文脈が不特定またはさまざま。教師や教材のキュー、教師主導の解答確認） ・ コミュニケーションゲーム的な活動（ゲーム内での意味を考える）	(3) 活用形や部分的な産出 (4) 意味と形をつなげる：会話を聞いて得た情報を元（キュー）にして文を作る
応用練習	・ 場面会話のロールプレイ（時間がなくて教科書の会話文の音読などで代用されることもある）	(5) モデル会話の構造を利用して自分のことを言う

> **文型学習が目的**
> ⇒ さまざまな文脈、目的の練習がある

> **課題遂行が目的**
> ⇒ すべての練習が同じ Can-do につながっている

― *6　表 3「授業の構成」の名称、「導入」「基本練習」「応用練習」は「文型中心の日本語授業」の授業デザインや教案作成で一般的に使用されているもの。『まるごと』「りかい」の「かいわとぶんぽう」の（1）〜（5）は、2 節（3）④（P72-79）の説明に対応。

4. 課題遂行能力の育成：
帰納的アプローチと演繹的アプローチ

　本章では、課題遂行の目標と関連づけて言語項目の知識や技能を伸ばしていく言語能力の育成について『まるごと』「りかい」の教え方を事例として紹介しました。**言語能力の育成においても、学習する言語項目がどのような課題で使えるか、つながる課題を想定して学ぶことが重要で**す。「りかい」では、「あれでも、これでも使える」文型ではなく、学習者にとって必要で、意味のある課題（Can-do）ができるようになるために文型を学びます。文型練習であっても課で設定した文脈を外れた練習はありません。また、言語能力の育成でも、第二言語習得研究の知見を活用し、文脈の重視に加えて、インプットとしての音声教材の利用や予測して聞くストラテジーの実践を取り入れています。

　このように課題や文脈を絞った方法を紹介すると、学習した言語項目が実際にはほかの課題でも使えるようになるのか、いわゆる応用力は身につくのかという質問がしばしばあります。しかし最初から広い使用（応用力）を想定していた今までの文型指導では、結局どの課題においても満足な成果を得ることは難しいように思います。むしろ1つの課題に目標を絞って学ぶほうが、確実な学習につながるのではないでしょうか。また、時間が足りなくて応用練習ができないという声もよく聞きます。それなら文脈を絞って基本練習を取捨選択し、それにつながる応用練習をしっかりやれるようにしてはどうでしょうか。文脈に関係なくいつでも学習した文型を使って話す応用力はその先にあるのではないかと考えます。

　最後に、第2章から読み進めてきた読者のなかには、『まるごと』「かつどう」と「りかい」との違いも気になるところかもしれません。前述

のように、「かつどう」の目標はコミュニケーション言語活動、「りかい」の目標はコミュニケーション言語能力です。「かつどう」では、「聞く→気づく→話す」という第二言語習得のプロセスにそって、豊富なインプットとアウトプットを通して学んでいきます。これは豊富な用例から学ぶ帰納的な方法で、さまざまなコミュニケーション・ストラテジーも含めて課題遂行を学んでいます。

「りかい」では、最初にその言語項目が使用されている会話を聞いて（読んで）、言語項目の「形と意味と使い方」を提示します。こちらは明示的なルールを適用させる演繹的な学び方で、言語項目について理解し、使えるように学んでいきます。

　このように「かつどう」と「りかい」は、アプローチは違いますが、どちらも最終的に課題遂行能力の育成を目指していることには変わりありません。それは、異なるルートで同じ山の頂上を目指すようなものだと思います。それぞれに特徴があり、学習者にとっては学習目的とかけられる時間、さらにそれまでの学習（教授）経験とによって取り組みやすさに違いがあるでしょう。

学びを深めるために

① 『まるごと』の「りかい」と「かつどう」の比較
　好きな課を1つ選んで、表2（P65）のように「かつどう」の表現と「りかい」の基本文の扱いを比較してみましょう。

② 初級（A1、A2レベル）の日本語を教えている人、または教えた経験がある人は、文型の教え方をふり返ってみましょう。表3（P87）の2つの教え方と比較して似ているところや違うところを考えてください。また、なぜその教え方をしている（いた）のか考えてみましょう。

第 **4** 章

///////////////////////////////

課題遂行型の
日本語教育における学習評価

第 1 章では目標・授業・評価の整合性について述べ、第 2 章と第 3
章ではその授業設計の考え方と実例を紹介しました。この章ではこ
れらを受けて、授業で目標とし、学んだことができるようになった
かどうか、つまり課題遂行型の日本語教育の学習評価についての考
え方と具体例を見ていきます。具体例では、『まるごと　日本のこと
ばと文化』の「かつどう」と「りかい」から学習評価をコースにど
う取り入れるかを紹介します。

1．課題遂行の評価

　学習評価は、学習目標の達成、つまり授業の成果を明らかにする活動
です。学習者一人一人の成績をつけるだけでなく、コースの成否を判断
する大切な活動でもあります。したがって、学習評価をどうやって行う
かということは教育機関と教師にとって常に関心事と言えるでしょう。
**課題遂行型の日本語教育においては、学習目標が Can-do という言語活
動の記述になっていることから、文型中心型の授業の評価と同じように
行うわけにはいかない**のですが、ではどうすればいいのか、以下のよう
な疑問がわいてきます。

> Q1　課題遂行の達成、つまり「できた」かどうかをどうやって見極
> 　　　めるのか。また、「できた」かどうかの判断をほかの教師の評価
> 　　　と一致させることはできるのか。
> Q2　学習者一人一人を評価するための時間と教師を十分に確保でき
> 　　　ない場合はどうしたらいいのか。

　Q1 について課題の「できた」を見る方法と観点を（1）〜（3）で、
Q2 について課題遂行型の日本語教育の評価の考え方、つまりマインド
セットを（3）で整理します。

（1）パフォーマンス・テスト

　あることができるかどうかを確かめるには、やってみるしかありませ
ん。できるかどうかを見るテストを実技テスト、またはパフォーマンス・
テストと言います。日本語の話す力を見るパフォーマンス・テストには、
相手からの一連の質問に答えるインタビュー形式のものや、ある場面で

のやりとりを実演するロールプレイ形式の会話テストなどがあります。課題遂行（Can-do）の学習目標を掲げて授業を行ったら、学習者がその学習目標を達成できたかどうか実際にやってみることで評価します。

　会話をする代わりに、会話文を文字で書いて提出したり、教科書にあるモデル会話を暗唱したりするという方法を時折聞きますが、良い方法とは言えません。会話は音声ですから、文字に書くだけでは、聞いて理解できるか、発音やイントネーション、やりとりの間合いなどが適切にできるかどうか判断できません。また、モデル会話の暗唱では、会話コミュニケーションの特徴である①内容や表現の選択権、②相手との情報差、③発話に対する反応がありません。発話していると言っても暗唱はテキストの再生にすぎず、実際の会話とはほど遠いことをしているのです。

　良い評価には妥当性[*1]**が求められます。**対象となる能力をきちんと評価している場合には妥当性があります。学習目標にした課題（Can-do）あるいは会話力を評価するには、それを１人ずつやってみて、そこで自身が考えた内容を伝えられるかどうかを見る必要があります。**会話力を評価するために会話文を書くことや暗唱することに妥当性はありません。**

（2）ルーブリックを使った評価

「できる」「できない」はどうやって判断するのでしょうか。同じように「できた」と思えても学習者によってでき方は違っているかもしれませんし、評価者が複数いると「できた」の捉え方が異なることもあります。そこでパフォーマンスの質、つまりどのようにできたかの見方が必要になります。このような時に使われる評価シートとしてルーブリック（図1）があります。

[*1]　良いテストかどうかを評価する観点の１つ。テストが測りたい能力を適切に測っているかどうかを妥当性と言う。

ルーブリックとは評価基準のことで、評価の観点とその達成度を記述した表になっています。評価の観点や達成度の段階は学習内容や目的によって設定されます。**課題遂行はコミュニケーション言語活動とコミュニケーション言語能力の観点から見ます。**それぞれ図１のようにルーブリックの観点と達成度を作成します。

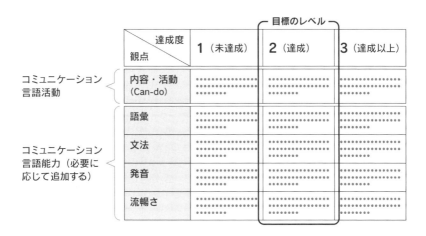

図１：ルーブリック（評価基準）のフォーマット例

参考：国際交流基金（2023）

● コミュニケーション言語活動

　課題遂行型の日本語教育における評価の最も大事な点は、**学習目標であるコミュニケーション言語活動の課題（Can-do）ができたかどうか**です。図１で言えば、「内容・活動（Can-do）」の観点がこれにあたりますが、「できたかどうか」を端的に示すこの観点は、評価上必須の項目です。

　課題（Can-do）の達成度の基準設定は、まず目指すレベルとその前後のレベルを明らかにします。例えば、A2 レベルの会話（やりとり）の場合、「全体的な尺度」[*2]の「自分の背景や身の回りの状況や、直接的な必

要性のある領域の事柄を簡単な言葉で説明できる」を達成とし、未達成を「十分に説明できない」、達成以上を「わかりやすく説明できる」と記述します。

● コミュニケーション言語能力

　個々の学習者の課題のでき方を質的に詳しく見るために、ルーブリックの観点にコミュニケーション言語能力を取り上げることもあります。前述のコミュニケーション言語活動の A2 レベルの会話（やりとり）では、言語構造的能力の語彙や文法的正確さ、音素の把握（発音）、語用能力の話し言葉の流暢さなどが観点として考えられます。しかし、このレベルの会話の課題はあまり長くないことや採点者の負担を考えると、**観点は必要なもの、重視したいものに限ることも大事**です。観点を決めたら、A2 レベルを中心に達成、その前後の未達成や達成以上の記述を作ります。

　具体例として、P97 の資料「JF 日本語教育スタンダード授業案」[3] から、学習目標と評価シート（ルーブリック）を見てみましょう。資料の授業案の「目標」は Can-do で書かれていますが、「活動」はコミュニケーション言語活動の目標を、「能力」はコミュニケーション言語能力の目標を示しています。

　評価シートの例（P98）の「全体（活動）」はコミュニケーション言語活動の評価です。行き方を質問する側と説明する側の評価がそれぞれ 3 段階で記述されています。「なんとか…できた」というのが A2 レベルの

─ *2　「全体的な尺度」については P20 の表 2 を参照。

─ *3　「みんなの教材サイト」JFS 授業案
　　　「授業案 ＜ A2 ＞ 目的地の行き方を聞く」
　　　https://www.kyozai.jpf.go.jp/kyozai/material/JLP00002/ja/render.do
　　　を元に作成。ここでは「授業の流れ」の部分は省略。

課題達成のでき方、評価シートの2「できた！」を示しています。学習目標になっている課題（Can-do）の評価はこの部分になります。

　下に続く「ことば・表現」と「文法」はコミュニケーション言語能力の評価です。「ことば・表現」は言語構造的能力から使用語彙領域、「文法」は同じく言語構造的能力から文法的正確さを選んでいます。言語能力の評価についても、2ではA2レベルのでき方「まちがいはあるが」「なんとか…できた」と記述されています。未達成の1では「できなかった」、達成以上の3では「楽に使うことができた」「まちがいがほとんどなかった」という記述になります。このように観点と達成度を記述することで何をどう判断すればいいかがわかります。**ルーブリックの観点によって学習者の発話を質的に詳しく見ることができれば、学習者にフィードバックしたりその後の指導に役立てたりすることもできます。**

資料：JF 日本語教育スタンダード授業案（A2　目的地への行き方を聞く）
［目標と課題に必要な知識・能力］

	レベル	A2		活動の種類	やりとり（口頭）
目標	Can-do	活動	道に迷ったとき、目的地への行き方について、短い簡単な言葉で人に質問したり、説明したりすることができる。（情報交換する、A2、JF Can-do 373）		
		能力	基本的なコミュニケーションの要求を満たすことができるだけの語彙を持っている。（言語構造的能力　使用語彙領域、A2.1、CEFR Can-do 397）		
			いくつかの単純な文法構造を正しく使うことができるが、依然として決まっておかす基本的な間違いがある―例えば、時制を混同したり、性・数・格などの一致を忘れたりする傾向がある。しかし、本人が何を言おうとしているのかはたいていの場合明らかである。（言語構造的能力　文法的正確さ、A2、CEFR Can-do 411）		

Can-do 達成に 必要な知識・能力	語彙	町の中の目印を表す語彙（駅、交差点、バス停、角、 信号、ビル、建物、川、橋、横断歩道、スーパー、市 場、学校、映画館、店、〜屋、など）
	表現	道を説明するときに使う表現（まっすぐ行って、〜つ めの角を右に曲がる、橋をわたる、など）
	文型	〜てください、〜て〜て、〜じゃなくて〜です、〜た いんですが・・　など

［評価シートの例］　※網かけは筆者。達成度にかかわる表現

目標のレベル（A2）

	1（もう少し！）	2（できた！）	3（すばらしい！）
全体 （活動）	□目的地までの行き方 を聞くことができな かった。	□目的地までの行き方 を聞くことができ た。	□目的地までの行き方 を聞いて、確認する ことができた。
	□相手がわかるよう に、目的地までの行 き方を説明すること ができなかった。	□なんとか相手がわか るように、目的地ま での行き方を説明す ることができた。	□とてもわかりやす く、目的地までの行 き方を説明すること ができた。
ことば・ 表現	□町の中の目印を表す 語彙や、道を説明す るための表現が使え なかった。	□町の中の目印を表す 語彙や、道を説明す るための語彙をなん とか使えた。	□町の中の目印を表す 語彙や道を説明する ための語彙を楽に使 うことができた。
文法	□道を聞いたり、説明 したりするときに必 要な文法が使えな かった。	□まちがいはあるが、 道を聞いたり、説明 したりするときに必 要な文法をなんとか 使うことができた。	□道を聞いたり、説明 したりするときに必 要な文法を十分知っ ていて、楽に使うこ とができた。まちが いがほとんどなかっ た。

（3）評価に対するマインドセット
　　点数化、公平性、客観性の再考

　課題遂行の評価で重視すべきなのは、課題の達成です。前に紹介した授業案の評価シート（ルーブリック）のように、どのように課題ができるかという言語活動に加え、言語能力の達成度の記述があることで一人一人のパフォーマンスを質的に詳しく見ることができます。教えた語や文型が正しくできていれば加点、または、間違っていれば減点する言語知識中心の考え方とは違うことがわかります。

　しかし、課題について「なんとか…できた」、「わかりやすく…できた」、言語能力についても「まちがいはあるが…できた」、「楽に…できた」という記述はまだあいまいで、すっきりしない人もいるでしょう。特に、1つのクラスの学習者を複数の教師で評価する場合には、教師によって基準が異なると評価に信頼性 *4 がなくなり、学習者に不公平感が生まれることもあります。

　課題達成の評価は、選択式や正解が1つしかない筆記テストの点数のように、いつだれが採点しても同じではっきりした数字のような結果が出るというものではありません。質的な評価になるので、本来点数化、数量化することが難しいものです。複数の教師の間の評価のばらつきを抑え、少しでも信頼性を高めるためには、機関内での研修会やワークショップなどを通した教師間の意志統一が必要です。例えば、「JFS準拠ロールプレイテスト」 *5 のサンプル音声やコースの過去の学習者の発話

― *4　良いテストかどうかを評価する観点の1つ。テストの結果が安定しているか、一貫性があるかを指す。評価者による採点結果のばらつきは信頼性が低くなる要因の1つ。

― *5　「JFS準拠ロールプレイテスト」は教師が学習者の口頭能力のレベルを見るため簡単に実施することができるテストとして開発された。ここでは教師が学習者のレベルを検討する際のサンプル音声を紹介する。

音声を一緒に聞いて、どう評価するか、その根拠は何かを話し合い、教師間の基準をすり合わせるといいと思います。そうすることで、実際の課題が「できる」ようになったことを確認するための確実な方法になるでしょう。

　CEFR や JFS の開発過程でも多くの教師たちがワークショップで知識を共有し、評価活動を行い、その結果を蓄積して一定の信頼性があるものが公開されています。これから Can-do や能力記述文を理解し、使いこなそうとする教師の皆さんにも、同じように背景や考え方を知り、実践してみること、ほかの教師とともに互いの判定や根拠を検討し、自分の基準を見直すことが必要だと思います。

　本章の最初に挙げた 2 つ目の疑問（Q2）ですが、課題遂行を評価するための教師や時間の余裕がない場合、どうしたらいいのでしょうか。前述したように、筆記テストや聴解テストなどで代替することはできません。それでは妥当性のある評価にならないからです。**目標に合った評価を行うこと、そのための教師や時間を用意することはコースデザインに関わること**です。今まで一斉の筆記テストで行ってきた評価の一部を個別の会話テストに変えるには、時間配分や教師の配置をどうするか、機関の責任者やコースを運営する立場にある教師の間で検討してみてほしいと思います。

　学んだことが実際にできるようになったかどうかやってみることは、学習者にとっても一番納得できる評価方法です。学習者は、会話テストがあることで授業中の会話練習に積極的に取り組むようになるでしょう。もちろん学習者に目標や評価基準を伝えておくこと、それができるようになる授業を行うこと、授業中も教師が同じ基準で評価することも大切なことです。テストや評価が好きだと言う学習者はあまりいないかもしれませんが、学習者にとって自分の学習成果が実感できること、次にどうしたらもっとよくなるかがわかるのは、うれしいことではないでしょ

うか。

　学習評価はまた、**学習者の成長を確認するだけでなく、教師にとっても、自分の教え方の成果を確認し、改善点を見つける機会**になります。学習者にとっても教師にとっても意味のある評価を行いたいものです。

2. 課題遂行型日本語コースの評価活動

　ここでは、目標・授業・評価に整合性がある必要性とその方法を述べ、『まるごと　日本のことばと文化』（以下、『まるごと』）の「かつどう」と「りかい」の日本語コースにおける学習評価の事例を紹介します。

（1）目標・授業・評価の整合性

　第1章では、JLPT（日本語能力試験）を学習目標にする一方で、学習者が話せるようにならないと嘆く教師の話がありました。試験合格と会話力の養成、学習目標はどちらなのでしょうか。もしかしたらその教師は試験の合格と話せるようになることは同じ内容・方法で達成できると考えていたのかもしれません。

　JLPTのような大規模試験では問題に対して文字・語彙や文法の言語知識を使って複数の選択肢の中から最も適切だと思う解答を選択します。読解や聴解ではテキストに学習者の個別のニーズや興味、関心が反映されるとは限りません。もちろんこれは幅広い受験者がいる大規模試験の制限が大きく関わっているからです。

　一方、話すという行為は個人が目の前の人と関わる意欲を持って話しかけたり応答したりする言語の技能です。試験合格と会話、それぞれに別の教育が必要なことは明らかです。

コースデザインの作業として、コースの目標を決めたら次にすること
は、その目標が達成できたかどうかをどんな方法で評価するかを考える
ことです。目標に合わせて、コース終了時に行うのは筆記テストなのか
会話テストなのか、発表なのか、その組み合わせなのか、評価の内容と
基準を設定します。授業の内容・方法、教え方にも、評価との整合性が
求められます。また、授業では教師が目標にそった内容・方法で教える
ことは当然ですが、小規模な評価は授業でも行われます。教師も学習者
自身も何がどのようにできることを目指しているのか、それはどのよう
に評価されるのか理解して授業を行うことが大事です。
　**評価の段階や時期になって、何をどう評価するのかと考えるのではな
く、日々の授業の中にも評価があり、その延長線上に中間や期末のコー
ス評価がある**と考えましょう。こうして目標・授業・評価の３つの一貫
したつながりが確保されていきます。

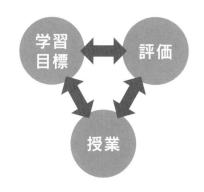

図２：コースデザインにおける目標・授業・評価の整合性

（2）コミュニケーション言語活動の評価

　ここでは、コミュニケーション言語活動の学習、つまり課題遂行を中
心に学ぶ『まるごと』「かつどう」のコース内での評価を紹介します。

コースブックである『まるごと』は、評価の方法や回数、これらを含めた時間配分を具体的に提案しています。ここでは、第 2 章、第 3 章と同じように初級 1 （A2）を例に取り上げます。初級 1 （A2）の学習目標は、JFS の A2 レベルに合わせて「ごく基本的な個人情報や家族情報、買い物、近所、仕事など、直接的関係がある領域に関してよく使われる文や表現が理解できる。簡単で日常的な範囲なら、身近で日常の事柄についての情報交換に応ずることができる。自分の背景や身の回りの状況や、直接的な必要性のある領域の事柄を簡単な言葉で説明できる」となっています。「かつどう」では、学習評価としてコースの中間と終了時の 2 回、授業の中で以下のような「テストとふりかえり」を行います。

「かつどう」のテストとふりかえり（授業時間が 1 回 120 分の場合）

15 分	80 分	25 分
[1] Can-do チェック	[2] 1 人ずつテストを受ける 　（1）文字テスト　（2）会話テスト	[4] クラスで話す
	[3] テストの間にグループで話す 　ポートフォリオ[*6]を見せ合う	

『まるごと』は 1 回 120 分の授業、1 クラス 12 人前後の学習者を想定しています。「かつどう」の「テストとふりかえり」の時間の内容と構成は、全部で 4 つの部分に分けられ、以下のようになっています。

[1] Can-do チェック

　最初の 15 分は、学習者がそれぞれにテスト範囲となる Can-do チェック（P112）を見直し、授業が終わった今もできると思うか、自分にとっ

ー *6　Can-do チェックのリストや書く課題の作品など学習者自身が学習をふり返るための材料を入れたもの。

て大切なのはどれかなど、考えます。ペアを作ってお互いが選んだ Can-do を練習する時間にすることもできます。

[2] 1 人ずつテストを受ける ／ [3] テストの間にグループで話す

次の 80 分は、個別にテストを受ける時間です [2]。

これと並行して、学習者は待っている間グループに分かれてポートフォリオに入れたもののうち、書く Can-do の作品、例えば自分で書いたカードなど、日本語と日本文化の体験記録[*7]を見せながら話します [3]。これはテストを授業時間内で行うために、テストの順番を待っている時間とテストが終わった後の時間を有意義に使うために考えた構成です。可能なら、特に学習者が慣れていない最初の段階では、会話テスト担当者に加えてグループワークを補助する担当者を配置できるとよりいいでしょう。

[4] クラスで話す

個別のテストが全員終わったら、教師と一緒にグループで話したことをクラスで共有します。

[3] と [4] のポートフォリオについて話す部分は、何語で話してもかまいません。このように、ふり返りに母語や媒介語が使えるのは、『まるごと』が想定する教室が海外だからですが、日本国内や学習者と教師の間に日本語以外に共通言語がない場合は、具体的なものを見せ合いながら日本語だけでできる範囲でもかまいません。

では、次に会話テストの内容を見ていきます。

会話テストでは学習目標の Can-do ができるかどうかを見ます。『まる

― *7　学習者の教室外での活動記録や資料。詳しくは第 5 章を参照。

ごと』の会話テストは、対象範囲の Can-do を①教師とのやりとりと②
ロールプレイの２つの形式でテストします。

① 教師とのやりとり

　学習者は教師の問いかけに答えて、自分自身のことを話します。A レ
ベルでは、教師が会話をリードする形で複数の Can-do が自然な流れで
出てくるようにします。例えば、初級１（A2）の前半（１課〜 10 課）で
は以下の Can-do を使った会話が考えられます。

- 家族や友達と何語で話すか言う（１課 Can-do 2）
- いつ、何語を勉強したか話す（9 課 Can-do 20）
- 今までに勉強した外国語について話す（9 課 Can-do 21）

＜会話テストの流れの例＞　Ｔ：教師、Ｓ：学習者
　　Ｔ：（挨拶、名前などを尋ねて始める）
　　Ｓ：……………
　　Ｔ：いままでにどんな外国語を勉強しましたか。（Can-do 20）
　　Ｓ：……………
　　Ｔ：○○語は難しいですか。（Can-do 21）
　　Ｓ：……………
　　Ｔ：○○人の友達がいますか。
　　Ｓ：……………
　　Ｔ：その友達と何語で話しますか。（Can-do 2）
　　Ｓ：……………
　　Ｔ：そうですか。外国語で話すのは楽しいですね。どうもありがとう
　　　　ございました。
　　Ｓ：……………
　　　　（自然な流れ、雰囲気で終わる）

② ロールプレイ

　ロールプレイは指定された場面や役割がある会話です。学習者の母語や媒介語で場面や役割を書いたロールカードを準備します。初級1（A2）の前半の範囲では、例えば以下の Can-do を組み合わせて考えます。

・友達と待ち合わせの時間と場所について話す（7 課 Can-do 15）
・お勧めの場所に友達を誘う（8 課 Can-do 18）

　学習者の発話で会話を始める場合は、母語や媒介語のカードや口頭でその状況設定を示した後で内容がわかったかどうか忘れず確認してください。学習者の自発的な発話を促すために、カードを読んだ後に何を言うか考える時間を 30 秒程度与えてから会話を始めます。

ロールカードの例（母語や媒介語で作成する）　初級1（A2）「かつどう」

日本の ともだちが、あなたの まちに 来ました。いま、ホテルに とまっています。
A Japanese friend is visiting your town and is currently staying a hotel.
日よう日に、まちを あんないします。
You're going to show him/her around on Sunday.
なんじに どこで あいますか。そうだん して ください。
Discuss when and where you will meet.

　会話テストの評価は、どんなことが、どのようにできるかによって、A2 レベルの「合格」を中心に、以下のような 3 段階の評価シートを提示しています。これも事前に母語や媒介語で学習者に提供します。

会話テストの評価

もっとすごい	身近なことについてはっきりした話し方で質問されたら<u>すぐに全部</u>答えることができます。<u>2つ以上の文</u>を続けてたくさん話すことができます。
ごうかく	身近なことについてはっきりした話し方で質問されたら<u>ほとんど</u>答えることができます。
もうすこし	身近なことについてはっきりした話し方で<u>とてもゆっくり</u>質問されたら<u>少し</u>答えることができます。

『まるごと』初級1（A2）「かつどう」（かな書き、英訳つき）

　中間テストや期末テストとして複数の課題遂行を評価するので、P98のJF日本語教育スタンダード授業案の評価シート（ルーブリック）と比べると非常にシンプルな記述です。A2レベルなので、教師の質問に答えたり簡単なやりとりのロールプレイをしたりするため、このような書き方になっています。しかし、教師間の基準の共有や、学習者へのフィードバックや今後の指導のために、もう少し情報がほしいときは1節（2）で紹介したようなルーブリックを作ってみてもいいでしょう。ルーブリックがあれば、複数の教師で採点するときに基準作りの話し合いに使うことができます。また、言語能力のルーブリックは学習者へのフィードバックにも使えます。ただし、前に述べたようにこのレベルのCan-doは非常に短いやりとりで終わるものが多いので、ルーブリックの観点を厳選する必要がありますし、細かく評価をしようと思うと録音して何度も聞き直す必要も出てきます。教師にとって無理のない範囲で取り入れてみてください。

文字テスト

　『まるごと』「かつどう」では、文字学習を評価する課題（Can-do）はいくつかの読み書きに限られています。しかし、教科書のローマ字併記が入門（A1）だけで、初級1（A2）からはかなと漢字だけになることや、教室で提示される資料や板書を読むなど授業に参加する上で必要であることから、かなの読み方を教え、評価しています。

　段階的な目標は表1の通りです。初級1（A2）の文字テストでは、学習した言葉で書かれた短い文が音読できるかどうかを見ます。文を文節に分けて採点し、80%読めれば合格です。その際の発音は「（聞いて）だいたい理解できる」、つまり、ほかの言葉と混同して聞こえない、コミュニケーションに支障がない、ということを基準にします。これは、コミュニケーション言語能力のうち言語構造的能力の「音素の把握」の A2 レベルを参考にしたものです。

初級1（A2）の文字テストの例

> しゅみは クラシックを 聞くことです。

> 9月ごろ すずしく なります。

> 1つめじゃなくて、2つめです。

> いつか 日本に 行きたいです。

表1：『まるごと』における表記の扱い ＞ 文字学習の目安 [8]

レベル	＜かつどう＞	＜りかい＞
入門 （A1）	ローマ字＋かな 〔既出語彙のかな表記が60%読める〕	ローマ字＋かな＋漢字（55語） 〔かな読み80%、書き60%、漢字語彙読み〕
初級1 （A2）	かな＋漢字（入門りかい、ルビあり） 〔かな読み80%〕	かな＋漢字（150語） 〔かな読み100%、書き80%、漢字語彙読み〕
初級2 （A2）	かな＋漢字（初級1りかい、ルビあり） 〔かな読み100%〕	かな＋漢字（164語） 〔ひらがな読み、書きとも100%、漢字語彙読み〕

― [8]　https://marugoto.jpf.go.jp/　教師用ページ＞『まるごと』の理念と特徴
「3. 各レベルの教科書の内容と特徴」をもとに作成

（3）コミュニケーション言語能力の評価

　次に、コミュニケーション言語能力、つまり課題遂行のための言語能力を育てる『まるごと』「りかい」では実際にどのようにコース内での評価を設定しているか、見てみましょう。「りかい」では、コースの中間と終了時の２回、授業の中で以下のような「テストとふりかえり」を行います。

「りかい」のテストとふり返り（授業時間が１回120分の場合）

50分	10分	20分	20分	20分
[1] テスト	休憩	[2] テストの解説	[3] テストのふり返り	[4] 作文の発表

[1] テスト

　文字・語彙、文法や文型の言語項目の学習を筆記テストで確認します。事前に出題形式を学習者に知らせて準備ができるように、「りかい」にはテストの問題例が掲載されています。表２はテストの内容と出題形式の例です。教師はこの問題例を参考にして解答時間50分程度を想定した問題を作成します。

表２:「りかい」筆記テストの出題内容と出題形式の例

内容	形式
文字と言葉	・ ディクテーション　聞いた言葉をかなで書く
聴解	・ 会話を聞いて内容理解の質問に答える
漢字	・ 短文の中の漢字を含む語の読み方をひらがなで書く
文法	・ 助詞の穴埋め ・ 並べ替えと文完成 ・ 語の選択と活用による文完成
読解	・ 内容理解の質問に答える（選択または正誤問題）

[2] テストの解説 ／ [3] テストのふり返り

　テスト終了後に続けて学習者が自分で答えを確認したり教師に質問したりします。成績をつけるために教師が採点しなければならない場合は、解答用紙を回収し、手元に問題用紙を残して解説をするなど、機関やコースの事情に合わせて実施するといいでしょう。

[4] 作文の発表

「さくぶん」で書いたものをグループで読み合い、話します。内容や日本語について学習者同士で、または教師に質問をしてもいいでしょう。これは評価というよりそれまでの学習のふり返りをする部分です。

「りかい」の筆記テストの役割は言語項目に関する知識を確認するもので、今までの日本語教育で行われてきたものと形式的にはあまり変わりません。**大きく異なる点は、これまで繰り返し述べてきたように、「りかい」で学習する言語項目はすべて、文脈の中で展開する言語活動の課題（Can-do）につながっている**ということです。したがって、授業中の練習同様、テストにおいてもその文脈や課題の範囲で出題されます。

（4）学習者の自己評価

　課題遂行型の日本語教育は、学習者が主体的に学習に関わることを大事にします。『まるごと』も「かつどう」「りかい」ともに各課の学習が終わったら学習目標の達成を学習者自身が確認する自己評価を取り入れています。[9]

― *9　自己評価のためのシートは各国語版がオンラインで提供されている
　　（巻末 P178 参照）。　https://marugoto.jpf.go.jp/

●「かつどう」の「Can-do チェック」

「かつどう」では、各課の終了時にその課の Can-do の達成を自己評価する「Can-do チェック」を行います。チェックシート（図3）の星は1つが「しました」、2つが「できました」、3つが「よくできました」。学習者は自分で該当する数の星をチェックし、コメント欄に日付と自己評価の根拠や感想、気づきなどを書き込みます。

　学習者の様子を見ていると、最初は自分の学習や課題達成を自分で評価するのは簡単ではないことがよくわかります。Can-do の自己評価をするためには何が必要でしょうか。例えば、「季節の変化について簡単にはなす」（3課 Can-do 6）ことが自分にできるかどうかを知るためには、この Can-do を自分でやってみること、そして相手の反応を見ることが必要です。**Can-do を実際にやってみるのは授業で最後に行う「ペアではなしましょう」の部分です。この部分を全員で音読したり、隣の席の人と1回だけやってみたりしただけでは評価できません。**5人でも6人でも相手を変えて同じ内容でやってみる必要があります。1人目との会話では自分が話すことで精いっぱいだったのが、6人目になると少し余裕が出て相手の答えにあいづちが打てるようになるかもしれません。そんなふうになったら自分でも積極的に星3つをつけたくなるでしょう。そんな自分の変化にも気づけるといいと思います。

●「りかい」の「にほんごチェック」

「りかい」では各課の終了時に「にほんごチェック」を行います。同じくチェックシート（図4）に「日本語で言いましょう」という欄があり、「べんきょうするまえに」と同じ質問が書かれています。これは学習項目、つまり基本文を使って答える質問になっています。最後に自分でこの質問に答えられたら星2つ「だいたいわかりました」や星3つ「よくわかりました」をチェックします。まだ不確かなようなら星1つ「少しわかりました」として、復習が必要なことを学習者自身が確認します。

Can-do チェック 「まるごと 日本のことばと文化」 初級 1 A2 ＜かつどう＞

★☆☆：しました I did it.　★★☆：できました I did it, but could do it better.　★★★：よくできました I did it well.

🖐話す、やりとり：42　📖読む：7　✍書く：4

トピック	か	No	Can-do		No	ひょうか	コメント（年／月／日）I did it well.
1 わたしと かぞく My Family and Myself	1 東京に すんでいます We live in Tokyo	1	🖐かぞくや じぶんが どこに すんでいるか、なにを しているか かんたんに 話します	Talk briefly about where you/your family live and what you/they do	1	☆☆☆	（　/　/　）
		2	🖐かぞくや ともだちと なにごで 話すか 言います	Say what language you speak with your family and friends	2	☆☆☆	
	2 しゅみは クラシックを 聞くことです My hobby is listening to classical music	3	🖐しゅみについて 話します	Talk about your hobbies	3	☆☆☆	（　/　/　）
		4	📖じこしょうかいの サイトの みじかい コメントを 読みます	Read short, simple comments about someone's self-introduction on a website	4	☆☆☆	（　/　/　）
		5	✍じこしょうかいの サイトに みじかい コメントを 書きます	Write short, simple comments about someone's self-introduction on a website	5	☆☆☆	
2 きせつと てんき Seasons and Weather	3 日本は いま、はるです It's spring now in Japan	6	🖐きせつの へんかについて かんたんに 話します	Talk about the change of seasons	6	☆☆☆	（　/　/　）
		7	🖐すきな きせつと その りゆうを かんたんに 話します	Say what season you like and why	7	☆☆☆	
	4 いい てんきですね It's a nice day, isn't it?	8	🖐てんきについて 話して あいさつを します	Greet people by talking about the weather	8	☆☆☆	（　/　/　）
		9	🖐でんわの かいわの はじめに てんきについて 話します	Start a conversation over the phone by talking about the weather	9	☆☆☆	
3 わたしの まち My Town	5 この こうえんは ひろくて、きれいです This park is big and beautiful	10	🖐ちずを 見ながら、じぶんの まちの おすすめの ばしょ／ちいきについて ともだちに 言います	Tell a friend about a place/area of your recommendation, using a map of your town	10	☆☆☆	（　/　/　）
		11	🖐ちずを 見ながら、ともだちが きょうみを もっている ところが どんな ところか、きを つける ことは なにか 言います	Tell a friend what a place that he/she is interested in is like and what to be careful about, using a map	11	☆☆☆	
	6 まっすぐ 行って ください Please go straight	12	🖐ちかくの ばしょへの 行きかたを 言います	Tell someone how to get to a place nearby	12	☆☆☆	（　/　/　）
		13	🖐あいてが 聞きまちがえた ことを なおします	Correct some information misunderstood by someone	13	☆☆☆	
		14	🖐とおくに 見える たてものの とくちょうを 言います	Describe the features of buildings seen in the distance	14	☆☆☆	
4 でかける Going Out	7 10時でも いいですか Is ten o'clock OK?	15	🖐ともだちと まちあわせの じかんと ばしょについて 話します	Talk with a friend about the time and place you will meet	15	☆☆☆	（　/　/　）
		16	📖まちあわせに おくれると いう Eメールを 読みます	Read an E-mail from a friend saying he/she will be late	16	☆☆☆	
		17	🖐おくれた りゆうを 言って あやまります	Apologise for being late and give a reason	17	☆☆☆	

図 3：Can-do チェック（抜粋）　初級 1（A2）「かつどう」

トピック	か	日本語で 言いましょう	きほんぶん	ぶんぽう・ぶんけい	No	ひょうか	コメント	(年/月/日)
1 私と かぞく My Family and Myself	**第1課** 東京に すんでいます We live in Tokyo	・はじめて 会った ひとと なにを 話しますか。 What do you talk about when you meet someone for the first time?	私は 東京に すんでいます。 私は でんしゃの かいしゃで はたらいています。	● V-て います①	1	☆☆☆		(/ /)
		・かぞくについて なにを 話しますか。 What do you say about your family?	東京に すんでいます。 でんしゃの かいしゃで はたらいています。 かいしゃまで でんしゃで 行きます。	● じょし Nに／ Nで①（ばしょ）／ N で②（しゅだん）	2	☆☆☆		
					3	☆☆☆		
					4	☆☆☆		
	第2課 しゅみは クラシックを 聞くことです My hobby is listening to classical music	・あなたの しゅみは 何ですか。何が すきですか。 What are your hobbies? What do you like?	しゅみは クラシックを 聞くことです。	● V-る こと	5	☆☆☆		(/ /)
		・ひまな とき、何を しますか。 What do you do in your free time?	こどもの とき、よく 日本の アニメを 見ました。 わかい とき、よく りょこうしました。 ひまな とき、りょうりを つくります。	● Nの とき／イA- い とき／ナA- な とき、	6	☆☆☆		
2 きせつと 天気 Seasons and Weather	**第3課** 日本は 今、春です It's spring now in Japan	・あなたの 国は いま、どんな きせつですか。 きせつは どのように かわりますか。 What season is it now in your country? How do the seasons change?	3月ごろ、春に なります。 3月ごろ、だんだん あたたかく なります。 こうえんが きれいに なります。	● Nに／イA-く／ナA- に なります	7	☆☆☆		(/ /)
		・好きな きせつは いつですか。 What season do you like?	私は 夏が 好きです。 私は あついのは 好きじゃないです。 夏休みが ありますから、夏が いちばん 好きです。	● N／イA- いの／ナA- なの が すきです ● N／イA- いの／ナA- なの は すきじゃないです ● S1 から、S2	8	☆☆☆		
					9	☆☆☆		
	第4課 いい天気ですね It's a nice day, isn't it?	・きょうの てんきは どうですか。 きのうは どうでしたか。 What is the weather like today? What was it like yesterday?	きのうは すごい 雨でしたね。 きのうは さむかったです。 今日 いい天気に なりましたね。	● N／イA-／ナA-です／でした。 V-ます／ました。	10	☆☆☆		(/ /)
		・てんきについて 話すのは どんな ときですか。 When do you talk about the weather?	今、雪が ふっています。	● V-て います②	11	☆☆☆		
3 私の 町 My Town	**第5課** このこうえんは 広くて、きれいです This park is big and beautiful	・あなたの まちに はじめて 来た ひとに どこを しょうかいしますか。 What places in your town would you introduce to a first-time visitor?	この店は 安くて、べんりです。 このあたりは にぎやかで、おもしろいです。 このあたりは 新しい 町で、人気が あります。 このゆうえんちは ふるいんだけど、たのしいです。	● イA- くて／ナA- で、N で、イA-／ナ A- ／... ● イA- いけど／ナA- だけど、 N だけど、イA-／ナ A- ／...	12	☆☆☆		(/ /)
		・それは どんな ところですか。 What are those places like?	この町は ちょっと ふべんだけど、 ここは ゆうえんちだけど、おとなも 多いです。 このあたりに 高い ビルや ホテルが あります。	● N1 や N2（など）	13	☆☆☆		
					14	☆☆☆		

図 4 ：にほんごチェック（抜粋）　初級 1 （A2）「りかい」

「かつどう」も「りかい」もコメント欄には、徐々にできるようになっていった自分の変化への気づきや、クラスでほかの人と話した内容についておもしろかったことや発見などを母語で書くように促します。コメントは学習のふり返りだけでなく、学習者同士の相互理解の記録にもなります。こうした小さな記録が学習について考えることになり、その後のコースの中間や終了時のふり返りの材料になります。チェックシートは巻末に一覧できる表の形になっているので、コースの最後に見ると日本語でできるようになったことを見て、学習者も達成感が得られるでしょう。

　このような活動に慣れていない学習者は（ときには教師も）、どう評価したらいいかわからないと戸惑ったり、自己評価の意義が感じられず積極的になれないということがあります。自己評価の時間は、1課120分で教える場合、5分程度を想定していますが、[*10]　最初は多く時間をとって学習者同士で話し合ったり、話し合った内容をクラスで共有したりするといいでしょう。**「できる」かどうか自分で判断できるようになること、自分の学習過程をふり返り、次はどうしたいか、どうなりたいかを考えられる自律的な学習者になること**が課題遂行型の学習を進める上で特に大事だと考えています。

― *10　授業の時間配分の目安。
　　　詳しくは　https://marugoto.jpf.go.jp/　教師用ページ＞教師用リソース＞教え方のポイント。巻末 P179 もあわせて参照。

3. 評価が担う役割

　課題遂行が目標の日本語教育では、評価もまた課題遂行で確認することが基本です。「できる」と言えるかどうか、なぜそう言えるのか、レベル毎の全体的な尺度や言語活動（Can-do）、言語能力のカテゴリーの記述をよく読み、ルーブリックをほかの教師とともに検討し、判断基準を共有する必要があります。

　また、学習者が自らの学習に主体的に関わるためには評価に関わること、自己評価する力を育てることも大事なことです。そのような自己評価の力は、日々の授業での小さな評価活動を積み上げながら、身につけていくものだと思います。

　最後に、評価の目的は目の前のコースや学習者の目標達成を確認し、次の学習や教育のための情報を収集することです。何をどのように評価するか、どんな情報を学習者にフィードバックできるか、これらのことを一人一人の教師がよく考え、取り組むことが求められます。**授業が改善できるかどうか、学習者もそして教師もまた成長することができるかどうか、評価が担っている役割は大きい**と言えます。

① 「JFS 準拠ロールプレイテスト」[*11] の A2 レベルの 2 つの音声サンプルを聞いて、下の評価シートを使って実際に評価してみましょう。その後でサイトに掲載されている解説を読んで、自分の評価と比べてみてください。できれば、どんな評価をしたかをほかの人と話し合いましょう。

日常生活に必要な基本的なやりとりができる	
◎	○
相手の簡単な働きかけに、苦労なく、簡単な言葉で応じ、必要な情報を伝えてタスクが達成できる。簡単な感想・見解もつけ加えることができる。	相手の簡単な働きかけに、簡単な言葉や身振りで応じ、必要な情報を伝えてタスクが達成できる。ただし、自分から話を進めることはできない。
日常生活に必要な基本的なやりとりができない	
△	×
相手の簡単な働きかけに、言葉や身振りで応じるが、必要な情報を伝えられず、タスクが達成できない。	相手の簡単な働きかけに、言葉でも身振りで応じられない。必要な情報を伝えられず、タスクが達成できない。

判定の基準：◎（十分に達成できた）、○（何とか達成できた）、△（惜しかったが、達成したと言えない）、×（全く達成できなかった）
「JFS 準拠ロールプレイテスト」より転載

② 日本語教師として会話テストをしたことがある人は、その時の経験をふり返ってみましょう。したことがない人は、外国語の会話テストを受けた時の経験でもいいです。どんな方法だったか、そのテストの結果に満足したかなどふり返ってください。

― *11　「JFS 準拠ロールプレイテスト」の情報については巻末 P177 参照。

第 5 章

////////////////////////////////

課題遂行と異文化理解能力

情報通信技術や交通手段の発達、国際的な市場の開放によりグローバル化が進展するなか、教育現場では今、人が社会で生活していくために生涯にわたって必要となる汎用的な能力の育成が叫ばれています。それは文化的背景の違うさまざまな他者と相互に依存しあって、答えのない問題を自らまたは協同で解決していく能力の育成を目指した教育です。

外国語教育においても知識量重視の言語教育から、ほかの国の言語と文化を学ぶことで学習者自らが自文化を含めた文化の多様性に気づき、相互理解に基づいたコミュニケーションができるようになることが目指されるようになっています。この転換によって、私たち日本語教師は、単に正しい日本語の使い方を教える言語教師ではなく、外国語教育を通して学習者の資質・能力を育てるファシリテーターとなることが求められていると言えるでしょう。

本章では『まるごと』を例に、言葉と文化の学習を通して、学習者の異文化理解能力を育成する方法を紹介します。

1. 異文化理解能力とは

(1) 異文化理解能力の構成要素

　異文化理解能力の構成要素に関しては、現在に至るまでさまざまな議論がなされていますが、異文化間能力（Intercultural competence）や異文化間コミュニケーション能力（Intercultural communicative competence）[*1] の研究において、「知識」、「技能」、「態度」の 3 つの枠組みで捉えることが主流となっています。

図1：異文化理解能力の構成要素

　異文化間コミュニケーション能力のモデルを提唱した Byram（1997）によれば、「知識（Knowledge）」は、自国と相手の国の産物や習慣、社会的または個人同士のやりとりのしかたに関すること、「態度（Attitudes）」は、好奇心、開放性、他文化に対する疑念や自文化についての信条を保留しておく意向、平等な関係を持つ態度、「技能」は、他文化の文書・出来事について解釈、説明し、またそれらを自文化に関連付ける能力（解釈・関連づけのスキル（Skills of interpreting and relating））や、ある文化とその文化の習慣について新しい知識を得る能力、実際のやりとりの中で自身の知識・態度・スキルをうまく使う能力（発見・相互交流のスキル（Skills of discovery and interaction））を表

― *1　Byram（1997）では、異文化間能力（Intercultural competence）を他文化の人と母語でやりとりする一般的能力、異文化間コミュニケーション能力（Intercultural communication competence）を、他文化の人と外国語でやりとりする能力として区別している。

しています。また中心的概念として、自文化及び他文化を批判的に評価する能力（批判的な文化意識（Critical cultural awareness））を挙げています。「批判的」とは、ある事柄についての自身の前提や根拠を疑い、さまざまな面から注意深く客観的に見ることです。これらの能力により、自らの価値観や信念、行動パターンに気づくとともに、新たに出会った文化的価値観との相違点や共通点を理解し、それを繰り返すことで複眼的な考え方やものの見方ができるようになるでしょう。これを授業に当てはめると、日本語学習においては、まず教科書や教室の中でさまざまな文化に関する「知識」に触れます。学習者はそこで自分や自文化及び他者や他文化の多様なものの見方や価値観を知ることになります。それがだんだんと相対的で柔軟な「態度」への変容を促し、その変容した態度を目標言語で表すために、授業において言語的・非言語的「技能」を練習していきます。そうした「技能」が課題達成を支えるとともに、相互理解につながっていくのです。「態度」の変容には時間がかかります。また他者と話したり、自分や自文化のことをふり返って考えることが不可欠です。**授業では、教師は単に日本文化に関する「知識」を与えるのではなく、ファシリテーターとなって、学習者の「技能」や「態度」の変容を促す授業をデザインすることが求められます。**

（2）何を教えるか

　皆さんは日本語のクラスで日本事情や日本文化を教えていますか。教えている場合、どのようなタイミングで何を教えていますか。日本語教育の場合、授業の中で与えられる情報や内容が学習者の「日本のイメージ」を作ることがあります。今はインターネットを使っていろいろ調べることができますが、それでもやはりクラスで教師が説明することは学習者に大きな影響を与えると考えられます。自分が教室の中で学習者に何をどのように伝えているか、偏った情報となっていないか、自分の

ちょっとした説明や言動、行動が、学習者の日本や日本人に対するステレオタイプを作ってしまっていないか、日頃から意識することが必要です。

　昨今多くの国で外国語教育を通して異文化理解能力を育成することが目指されていますが、そこで扱う内容については、個々の現場に任されているのが現状です。文化のカテゴリーについては、図2のように大きく2つに分ける考え方があります。1つは「社会生活を知る上で必要な情報」、もう1つは「日本を深く理解するために必要な情報」です。前者は「対人関係」、「生活」、「社会システム」、「習慣・慣習」、後者は「伝統・芸能など」、「社会・人文科学」、「自然環境」です。皆さんが教えている日本事情・日本文化はどのカテゴリーに含まれるでしょうか。また教えている文化に偏りはないでしょうか。

　このように文化をカテゴリーで考えてみると、自分が授業やコースで扱っている日本事情や日本文化が、全体としてどのようなものか、学習者に何を伝えて何を伝えていないのかを客観的に見ることができます。もちろん学習時間が限られるなかですべての内容を扱うことはできませんし、目の前の学習者にすべての内容が必要かどうかも考える必要があります。まずは、教師自身が自分の扱っている内容を意識することが大切です。自分の教えている文化に偏りがないか、自分が教えている学習者に必要な内容はどのようなものか、ぜひ図2に照らし合わせて考えてみてください。

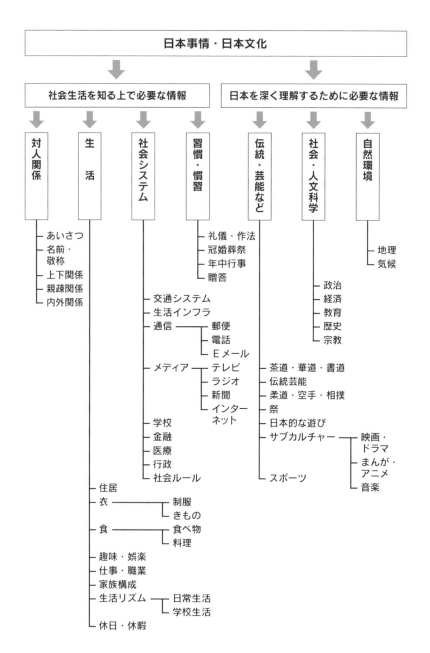

図2：日本事情・日本文化のトピック 　国際交流基金（2010b）P6

（3）異文化理解学習の場

　皆さんの学習者の周りには、どのような文化的環境がありますか。日本語教師は、それをどのように有効に使うことができるでしょうか。

　学習者が異文化理解能力を養える場は、教室の中だけではありません。日本国内であれば、教室を一歩出れば生の日本社会があり、学習者はそこでさまざまな文化的コミュニティーに参加することになります。学習の一環でフィールドワークや社会科見学などを行うこともあるかもしれませんし、地域や会社、アルバイト先での交流や活動に参加している学習者もいるでしょう。また日々あちこちから流れてくる情報からも多くの文化的体験を得ていると思います。海外の場合は、比較的大きな都市であれば日本食レストランや日本人コミュニティーなどがあるかもしれません。そうでない場合は、日本人の生活・習慣などに実際に触れる機会は非常に限られているかもしれませんが、今はインターネットで情報を得たり、SNS で交流したりすることができます。どちらの場合も、自分の周りにあるさまざまな事柄について「知り」、「興味を持ち」、調べたり聞いたりするなどの「行動に移す」ことで、どんな環境にあっても、学習者一人一人違う豊かな文化体験を獲得していくことはできるはずです。教師は、学習者が得た知識や興味を教室の外へと広げていく手助けをすること、そして外で得た学習者一人一人の体験を教室の中で共有したり話し合ったりする場を作ることを通して、学習者の異文化理解能力の育成へとつなげていくことが大切です。日本語学習を教室の中だけで完結させるのではなく、学習者の周りにある自文化を含めた文化的環境をどのように利用できるか、考えてみましょう。

2. JF日本語教育スタンダードと異文化理解

（1）相互理解のための日本語

　JF日本語教育スタンダード（以下、JFS）は「相互理解のための日本語」を理念としています。この相互理解に基づいたコミュニケーションは、多くの国の外国語教育が目指すものでもあります。では、相互理解とはどのようなことなのでしょうか。JFSでは「相互理解のための日本語」を「互いに柔軟に調整し合ってコミュニケーションを行うときの日本語」であると捉えています。互いに柔軟に調整し合うというのはつまり、相手の文化に合わせるのでも相手が自分の文化に合わせるのでもなく、お互いが相手の文化を理解、尊重し、その場の状況に合わせて柔軟に調整し合って、日本語でコミュニケーションを行うということです。日本語で情報を伝達しただけでは、相手とのコミュニケーションがうまくいくとは限りません。日本語でのコミュニケーションを通して、どのように相手と良い関係を構築し、どのようにその関係を維持していくかが重要なのです。

（2）課題遂行と異文化理解能力

　第2章、第3章では、課題遂行能力の養成のための日本語学習について述べてきました。課題遂行能力とは、日本語を使ってさまざまなコミュニケーションを行う能力ですが、JFSでは、「相互理解のための日本語」には、課題遂行能力だけではなく異文化理解能力も必要だとしています（図3）。つまり、「相互理解のための日本語」を実行するためには、お互いが「相手や相手の文化を理解し、尊重した課題遂行」を行う必要があるということです。JFSでは、さまざまな文化に対する広い視野を持ち、他者の文化を理解、尊重することを「異文化理解能力」と捉えています。

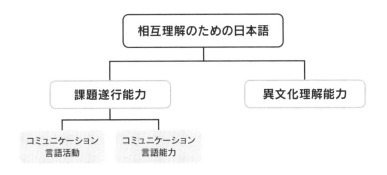

図3：「相互理解のための日本語」に必要な能力

相互理解のための日本語
├─ 課題遂行能力
│ ├─ コミュニケーション言語活動
│ └─ コミュニケーション言語能力
└─ 異文化理解能力

　私たちは生まれ育った環境や社会生活の中で培われた文化に、知らず知らずのうちに影響を受けて作られた枠組みで物事を解釈し、理解しています。そして、ある事柄について相手がどのように解釈し、理解したのか、それが自分の解釈・理解とどう違うのかは、言語化されることによって表に現れます。**「異文化理解能力」は、どのように言語化したら相手を理解し、尊重したより良い課題遂行となるのかを考える際に必須の能力**と言えるでしょう。

JFSでは、課題遂行能力と異文化理解能力にはゆるやかな関連があり、どちらも行きつ戻りつし、相互に作用を及ぼしながら、螺旋的に発達していくものであると捉えています（図4）。では私たち日本語教師は、学習者の異文化理解能力をどのように育てていけるのでしょうか。

図4：課題遂行能力と異文化理解能力の
　　　発達のイメージ
国際交流基金（2023）P6

（3）『まるごと　日本のことばと文化』における
　　異文化理解の扱い

　ここからは、『まるごと　日本のことばと文化』（以下、『まるごと』）
における異文化理解の扱いについて見ていきましょう。『まるごと』では、
異文化理解能力を持つ人を、①さまざまな文化に触れることで視野を広
げ、他者の文化を理解し尊重する人、②日本語を使って、相手の考えを
受けとめながら柔軟にコミュニケーションできる人、③他者との関係を
構築するためにコミュニケーションできる人と捉え、①②③を育てるた
めに、単に文化に関する事物を説明するのではなく、人々の多様な生き
方や考え方、価値観が見られるように作られています。そのため、一人
一人異なった名前、性格、背景がある人物が登場します。何が好きか、
今までどこに行ったことがあるか、休みの日は何をしているかなど、趣
味や嗜好が違った個性豊かなキャラクターたちです。学習者はこの登場
人物たちの会話や読解の中に現れる個人の価値観を通して、異なる文化・
社会を背景にした人々の価値観を知ることになります。
　例えば、休みの日に何をするかについて話す場合、多くの教科書では
趣味などについて話すことが多いでしょう。しかし実際の私たちの生活
はどうでしょうか。何もしないでのんびりする人、休みの日にまとめて
家事をする人などさまざまではないでしょうか。そのありのままの私た
ちの生き方や価値観が、『まるごと』では課題遂行のやりとりとして教材
化されています。それは、言葉を学ぶ人は、「人」を通して言葉と文化を
見ているからです。従来の教科書のように、まず文型があってそれを学
んでいくのではなく、まず「人」がいて、その人の背景がある発言や話
し方があり、学習者はそこから言葉と文化を一緒に学んでいきます。個
性豊かなキャラクターたちと一緒に交流場面に参加し、ほかの人の話を
聞いたり、自分だったら何と言うか、自分だったらどんな行動をするか
を話したりすることで、多様性を知るとともに、自己と自文化を内省し

ていくことになります。それを繰り返すことで、言語だけではなく異文化理解能力もともに向上していくのです。

3. 異文化理解能力を育てる授業 『まるごと』の事例

　では、具体的な教室活動を紹介します。『まるごと』は「かつどう」に「生活と文化」、「りかい」に「ことばと文化」があります。「生活と文化」では、ファストフード店や日本の町、お弁当など、日本に暮らす人々の生活の中に当たり前にある「モノ」や、待ち合わせ、1日の生活、正月休みなど、日本人が生活の中で当たり前に行う「コト」など、その課のトピックと関連のある日本の生活や習慣が取り上げられています。

「ことばと文化」では、初めて会った人にどんな質問をするか、嫌いな食べ物を勧められたとき何と言うか、自分の意見と違う意見を言われたときどう答えるか、ほかの人を注意するときどう伝えるかなど、困ったときや注意するとき、何か言わなければならないときなど、より良い人間関係を構築する際に必要となる言葉の使い方が取り上げられています。

　どちらも知識として学ぶだけでなく、写真や簡単な質問を通して、その背景にある価値観について考えます。また教科書全体を通して、会話の内容、場面・設定状況、多様な文化背景を持つ登場人物にも異文化理解のためのヒントが盛り込まれています。特に『まるごと』の会話は他者との関係作りを目指した交流会話を多く扱っています。関係作りを目指したやりとりにおいては、自分のことを話すだけでなく相手との共通点を探したり、相手に共感や配慮を示したり、相手を助けたりなどの機能を意識したやりとりが大切になります。相手を尊重する態度は、そのような交流会話の機能を意識した会話を学ぶなかで養われていくのです。

（1）生活の中にあるモノ、コトの文化から考える

「生活と文化」では、日本の社会や生活の中で普通に見かけるモノ、コトを例に取り上げています。表1、表2のように、各トピックと関連のあるテーマに関するさまざまな写真と、写真についての簡単な説明及び自分や自文化について考える問いかけの質問があります。授業では写真を素材として簡単な質問をし、それを通して日本や日本の生活・習慣について、さらには自分や自文化について考えていきます。トピックと関連のあるテーマについての文化的な知識を得ることで、話題（ネタ）が広がり、自然な交流会話が生まれます。トピックに関する周辺情報を得ることは、学習者に次への行動を促すきっかけにもなるはずです。**教科書の会話の内容を超えて、話したいと思う話題を学習者自身が持つことは、言語学習を進める上でも大きなモチベーションになります。**

表1：『まるごと』入門（A1）「かつどう」「生活と文化」の例
　　　（全体はP147を参照）

トピック	テーマ	取り上げた写真	気づいてほしいこと／ 説明・問いかけ例
1.にほんご	名前	まおちゃん、松下さん、鈴木様、たかしくん等	親疎の関係による呼称の違い ・ あなたはほかの人をどう呼びますか。 ・ ほかの人はあなたをどう呼びますか。
2.わたし	家族	母／お母さん、父／お父さん等	内と外の関係による呼称の違い ・ 私の家族とほかの人の家族では、呼び方が違います。 　あなたの国ではどうですか。

表2：『まるごと』初級1（A2）「かつどう」「生活と文化」の例
　　　（全体はP148を参照）

トピック	テーマ	取り上げた写真	気づいてほしいこと／説明・問いかけ例
1.わたしとかぞく	妻と夫の役割	子どもを連れて散歩する若い父親、通勤途中に子どもをベビーカーに乗せて託児所に連れて行く母親、台所で一緒に食事の支度をする若い夫婦、掃除機で部屋の掃除をする若い夫	妻と夫の役割の変化（昔と今） ・ 最近、家庭の中での妻と夫の役割が変わってきました。どのように変わったと思いますか。それはどうしてだと思いますか。 ・ あなたやあなたの周りの人と同じですか。
2.きせつとてんき	「涼しい」夏	風鈴、流しそうめん、金魚鉢、グリーンカーテン、おばけやしきと幽霊（イラスト）	生活の工夫（四季） ・ 日本の夏は気温と湿度がとても高くなります。暑い季節を気持ち良く過ごすために、日本にはいろいろな生活の工夫があります。 ・ あなたの国では、厳しい季節を気持ち良く過ごすために、どんなことをしますか。

　まだいろいろなことを言語化することが難しい入門（A1）では、主に具体的なモノの写真が中心に取り上げられており、目に見えるモノから考えていきます。初級1（A2）では徐々にコトを表す写真が増えていきます。そしてさらに初級2（A2）ではより社会的なコトが多く取り上げられています。このように言語的なレベルが上がるのに合わせて、取り扱う内容も少しずつ変化していきます。

　では例として、初級1（A2）トピック2「きせつとてんき」を取り上げて、具体的な教室活動を紹介します。テーマは「「すずしい」なつ」です。授業は次のような流れで進めます。

① 写真を見て、日本について
の知識を得る

↓

② 問いかけについて学習者同
士（グループ）で話し合い
をし、異なる視点に気づく

↓

③ 教師は学習者に興味を持っ
た点について調べたり聞い
たりするよう促す

① 写真を見て、日本についての知識を得る

　まず、写真と説明を見てどんな写真か確認します。このトピックでは、
日本の高温多湿な夏を気持ち良く過ごすための工夫を示す写真とイラス
トが載っています。五感を使って涼しさを演出するものです。写真が何
かわからない学習者がいたら、ページの下にある言葉（ふうりん、なが
しそうめん等）をヒントにすると考えやすいでしょう。学習者はこの写
真が何かがわかった後で、写真について「なぜこれが涼しさにつながる
のか」考えます。この時、教師が一方的に説明するのではなく、ペアや
グループであれこれ考えるといろいろな意見が出てきます。

　例えば右下のイラストにあるように、日本では夏になるとお化け屋敷
や幽霊話のような怖いものが登場しますが、幽霊や怖い話がなぜ涼しさ
につながるのか問いかけると、「怖いと汗をかき、体温が下がって涼しく
なるから」、「怖いと暑かったことを忘れてしまうから」、「幽霊が出ると

温度が下がるから」など、おもしろい答えが出てくるでしょう。このとき、学習者同士で正解を導き出したり、教師がどれが正解かを追求する必要はありません。学習者自身で考えたり気づいたりすることが大切です。

② 問いかけについて学習者同士（グループ）で話し合いをし、異なる視点に気づく

　次に、写真の下にある問いかけの質問を通して、自国や自分の日常生活について考えます。そして気づいたことを話したり、ほかの人はどうか聞いたりします。ほかの人の話を聞くことで、「確かに自分もそうだ」と思ったり、同じ国の人であっても違う考えや習慣があるということに気づくでしょう。それによって自分の生活やものの見方をふり返ったり、自分とは異なる他者の見方を知り、多様性を受け入れることができるようになっていきます。

　このトピックでは、「あなたの国では、厳しい季節を気持ち良く過ごすために、どんなことをしますか」と問いかけています。季節は国によって、地域によって違います。そしてこのような工夫というのは、家庭や個人によっても違うものです。例えば東南アジアでは、床がタイルでできていることが多いのですが、タイルの上を裸足で歩くことを想像してみてください。どんな気持ちでしょうか。暑い夏に裸足でタイルの上を歩くと冷たくて気持ちがいいはずです。床がタイルである理由は「スコールが頻繁にある」「サンダルを履いている人が多い」等、実際にはさまざまだと思いますが、このような問いかけを通して、自分自身の生活や周りの環境、他者の考えに目が向くようにすることが大事です。そうすることで、「この場合はどうだろうか」、「あの人はどうだろうか」、「日本や私の国では、ほかにどのような工夫があるだろうか」とさまざまな問いが出てくるでしょう。

③ 教師は学習者に興味を持った点について調べたり聞いたりするよう
　促す

　そうして興味を持ったら、さらに自国や日本のことについてインター
ネットで調べたり、ほかの人に聞いたり、可能であれば実際に見に行っ
てみたりするよう教師は学習者に行動を促します。学習者自らが教室と
外の社会をつなぐことで、日本語の学習が生きた活動になります。教科
書の写真についてより深く調べてみたり、クラスの話し合いの中で出た
意見について、教室外の人に聞いてみるのもいいでしょう。また現在は
昔と違って、日本の夏はさらに暑さが厳しくなっています。学習者の国
でも同様の状況があるかもしれません。そのような環境変化が、私たち
の生活習慣や行動をどのように変えているのかを調べたり聞いたりして
みるのもおもしろそうです。このように実際に行動することで、文化と
いう抽象的なものに「実感」を持てるようになり、自分も他人も同じ1
人の人間であること、どのような社会もどのような人も、実際は多様で
可変性に富んでいるのだと認識できるようになるでしょう。
「生活と文化」では、日本の生活の中の文化を「知る」ことをきっかけ
に、自分の生活やものの見方、他者の異なる考え方を知り、それらに「関
心を持つ」ことでもっと知りたくなり、その結果、「行動する」といった
流れを想定しています。この過程をくり返すことによって、抽象的な文
化の知識が学習者の中で実体化し、それが態度の変容につながっていく
ことが期待できます。
　このような一連の活動は、海外では現地の学習者の言葉で、国内では
媒介語で行うと考えをより深められるでしょう。日本語のみの場合でも
できるよう『まるごと』では、写真や目で見えるものから考えられるよ
うになっています。また学習者やトピックによっては、なかなか話が進
まない、深まらないこともあると思います。そういったときは無理に深
める必要はありませんが、教師の問いかけ一つで変わることもよくあり

ます。話が進みそうな写真だけを取り上げたり、写真に写っている物や人をもっと注意深く見るように促したり、教科書にはない視点からの質問をしてみるなど、学習者の考えを少し前に進めるきっかけになるような具体的な質問を投げかけると効果的です。そのためには、まずは教師自身が写真をよく見ること、そしてよく考えてみることが必要です。

質問の種類を意識する：ディスプレイ・クエスチョンと レファレンシャル・クエスチョン

　問いかけの 1 つのテクニックとして、質問の種類を意識して行うものがあります。教師の質問に関しては、さまざまな観点からの枠組みが提唱されていますが、ここではディスプレイ・クエスチョンとレファレンシャル・クエスチョンを紹介します。ディスプレイ・クエスチョン（Display Question；DQ）は決まった答えがある（教師は答えを知っている）質問、レファレンシャル・クエスチョン（Referential Question；RQ）は正しい答えがない（教師も答えを知らない）質問で、例えば学習者自身の体験や学習者の個人の意見や考えを聞く質問です。P130 で紹介した活動に当てはめると、以下のようになります。

例）『まるごと』初級 1 （A2）「かつどう」トピック 2 「きせつとてんき」
　　「生活と文化」「「すずしい」なつ」

- （①〜⑤の写真について）これは何でしょうか？
- （①について）どんな音だと思いますか？（高い音？ 低い音？）どうやって音が鳴ると思いますか？
- （②について）どんな食べ物だと思いますか？（温かい食べ物？冷たい食べ物？）どうやって食べていますか？
- （③〜⑤についても同様に聞く）
- ①〜⑤を見たこと／聞いたこと／食べたこと／体験したことがありますか？
- （①〜⑤について 1 つずつ）どうしてこれが涼しさにつながると思いますか？
- 皆さんの国や家では、夏（その国の状況に合わせて具体的な季節を挙げる）を気持ち良く過ごすためにどんな工夫をしていますか？
- 日本では冬はどのような工夫をしていると思いますか？

教師は答えを知っていること
写真からわかること

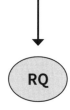

教師も答えを知らないこと
学習者自身のこと

DQ は答えが決まっている質問なので、学習者は教師が求める正しい答えを探すことになります。写真をじっくり観察すればわかることや、写真から十分推測できることについて、問いかけの形にして聞いていきます。ここでの視点が、その後の考えを深めていくためのヒントになるので、学習者には自身の背景知識を働かせながら、写真を注意深く見るよう促します。

　写真について十分意見交換できたら、だんだんと RQ の問いかけをします。RQ は正しい答えがない（教師も答えを知らない）ことを聞く質問なので、学習者は、「自分のことを言おう」、「自分の考えを伝えよう」ということに意識が向きます。DQ で考えた視点をヒントに、自分の視点やほかの人の視点に立って自由に考えていきます。そうすることで教室内での学習者の発話も増え、より活発なやりとりが起こるでしょう。

　問いかけは、学習者の発話を引き出しながら、より深い思考を促す有効な手段の１つです。どのような流れで、どのような種類の質問をすれば、学習者の思考が深まるか、学習者のより自由な発想を引き出せるか考えながら、質問を作ってみましょう。

（2）日本語でよく使う言葉や表現の中にある文化から 考える

『まるごと』「りかい」の「ことばと文化」では、トピックに関連した、日本語でよく使う言葉や表現の中にある文化が取り上げられています。

表3：『まるごと』初級1（A2）「りかい」「ことばと文化」の例
（全体はP149を参照）

トピック	テーマ	説明・問いかけ
1.わたしと かぞく	初めて会った 人と話すこと	初めて会った人にどんな質問をしますか。 a. 家族は何人ですか。 b. 子どもはいますか。 c. 何歳ですか。 d. どこに住んでいますか。 e. どこで働いていますか。
2.きせつと てんき	道で誰かに 会ったとき	知り合いに道で会ったとき、何と言って挨拶をします か。 a. いい天気ですね。 b. ごはん、食べましたか。 c. お出かけですか。 d. お元気ですか。 e. そのほか

「ことばと文化」では、日本語では何げなく言うけれど、学習者に違和感を持たれやすい表現が多く取り上げられています。難しい場面でも、相手を無視したり関係の構築を諦めたりしないこと、そのために必要な相手への配慮をどうするのかを考えていきます。時には「何も言わない」「何もしない」ということも含めて、自分はどうか、日本語ではどうか考えます。「日本語ではこういう時このように言う」ではなく、「なぜそのように言うのか」を考えると、実は表現の仕方が違っているだけで、表

現意図は他の言語も同じということも多いものです。学習者にはこの「こ
とばと文化」を通して、そういったことに気づくよう促します。

　ここでは例として、初級1（A2）トピック2「きせつとてんき」を取
り上げます。テーマは「道で誰かに会ったとき」で、まさにここからコ
ミュニケーションが始まるきっかけとなる挨拶をする場面です。

ことばと文化

しりあいに みちで 会った とき、何と 言って あいさつを しますか。
How do you greet people you know when you see them?

　a　いい 天気ですね。　　　　　b　ごはん、食べましたか。
　c　おでかけですか。　　　　　　d　おげんきですか。
　e　そのほか ＿＿＿＿＿＿＿＿＿＿＿＿

「ことばと文化」は、表現について考えることが目的なので、写真はなく、
質問と選択肢からできています。授業は次のような流れで進めます。

① 質問と選択肢を読んで、自分だったら何と言うか、それはなぜか
　 考える
　 ↓
② 日本語で言われたことがあるか、聞いたことがあるか等、自分の経験
　 を話したり、なぜ日本ではこのように言うのか考え、気づいたことを
　 話す
　 ↓
③ 教師は学習者に興味を持った点について調べたり聞いたりするよう
　 促す

① 質問と選択肢を読んで、自分だったら何と言うか、それはなぜか
　　考える

　まず質問と選択肢を読んで、自分は何と言うか、それはなぜか考えま
す。考えるのが難しい場合は、「今日は日曜日です。買い物に行きます。
家を出たら隣の人に会いました。何と言って挨拶しますか。」というよう
な具体的な場面を提示すると、想像しやすくなるでしょう。相手との関
係性や状況によっても違うので、いろいろな相手や状況・場面を想定し
て考えるとより話が広がります。「生活と文化」と同様に正解はありませ
ん。どの表現を選ぶにしても「なぜその表現なのか」という言葉の使い
方の背景にある価値観を考えることが大切です。

　よく使われる表現の中に埋め込まれている文化や価値観は、それを使っ
ている本人たちもあまり意識していないものなので、学習者になぜそ
のように言うのか聞いても、なかなか意見が出てこないことがあります。
そのような時は、ペアやグループで話したり、自分の経験についてシェ
アしたりすると話が進みます。例えば「b. ごはん、食べましたか。」を
よく使う文化がありますが、実際に学習者にグループで話し合ってもら
うと、「ごはんが食べられることは、元気である証拠だから聞く」、「『元
気ですか？』と同じで、あまり深い意味はない」、「ちゃんと食べている
か聞くことで、相手を想っていることを伝えている」など、さまざまな
回答がでてきます。自分一人ではなかなか考えが深められないときも、
クラスの中での話し合いを通すと、考えを一歩進めることができます。

② 日本語で言われたことがあるか、聞いたことがあるか等、自分の経験
　　を話したり、なぜ日本ではこのように言うのか考え、気づいたことを
　　話す

　次に、日本でよく使われる表現はどれだと思うか推測したり、日本語
で言われたことがあるか、聞いたことがあるかなど、自分の経験を話し

ます。また、なぜ日本ではこのように言うのか考えてみます。

　挨拶の場面は、ドラマやマンガなどにもよく出てくるので、聞いたことがある学習者は多いかもしれません。もしなければ、日本ではどの表現がよく使われると思うか問いかけます。皆さんだったらどうでしょうか。「a. いい天気ですね。」が多いかもしれませんね。もし非常に親しい相手だったら、「髪切った?」のように、相手の変化に気づいて話しかけることもあるかもしれません。実際に学習者に聞いてみると、日本では「a. いい天気ですね。」がよく使われるという答えが返ってくることが多いです。確かに日本では、ちょっとした挨拶として、天気の話をすることが多いです。その事実は伝えますが、それが「正解」であると提示する必要はありません。この「ことばと文化」で考えるのは、「なぜその表現なのか」ということです。①②の問いかけで気づいたことをクラスで話し、考えを伝え合うことが大切です。「ことばと文化」では、このような問いかけを通して、自分自身のコミュニケーション・スタイルへの気づきを、またほかの人の答えから、いろいろなコミュニケーション・スタイルがあることへの気づきを促していきます。

③ **教師は学習者に興味を持った点について調べたり聞いたりするよう**
　促す

　次に、クラスでの話し合いの中で興味を持った点について、インターネットで調べたり、ほかの人に聞いたりするよう学習者に行動を促します。改めて表現に注目して様々なリソースを見てみることで、さらに新たな発見をすることでしょう。「ことばと文化」では、言葉の背景にある文化を考えてみることをきっかけに、1) 自分のコミュニケーション・スタイルをふり返ることで、自分・自文化の価値観を捉え直し、2) 他者の異なるコミュニケーション・スタイルを知ることで異なる価値観を持つ他者の意図を理解し、3) それらに関心を持つことで言葉に対する感度を

上げ、何か違和感を持つ表現を言われたときに、判断を保留する（短絡的に良し悪しを評価しない）ような態度へ変容することを期待しています。しかし、このような言葉の使い方の背景を考えるのは母語であっても非常に難しいことです。あまり深追いせず、日本語でできる範囲に留めるのでも十分です。大切なのは自分では何と言っているかということから、自身のコミュニケーション・スタイルについてふり返ったり、ほかの人の回答からいろいろなコミュニケーション・スタイルがあることに気づくことです。

（3）会話の中の文化から考える

　最後に、『まるごと』の会話の中に見られる相互理解の考え方について紹介します。『まるごと』は、相互理解に基づく課題遂行の達成を目指していますが、相互理解には、他者との関係作りを目指したコミュニケーションの技能が必要です。それを身につけるために、「自分のことを話す、気持ちを伝える、他者との共通点を探す、共感する、相手を助ける、配慮を示す」等の談話機能を会話を通して学んでいきます。次の入門（A1）「かつどう」トピック3「たべもの」第5課のやりとりを見てください。

場面は、ホテルやパーティー会場の飲み物のコーナーです。Aさんが、
「コーヒー、のみますか。」とBさんに聞いています。Bさんは、「はい、
おねがいします。」または「いいえ、けっこうです。」と答えます。そし
てAさんが「はい、どうぞ。」と言いながらコーヒーを渡し、Bさんが
「すみません。」と受け取るという会話です。

　多くの初級教科書において「飲みます」の学習では、「私は毎朝コー
ヒーを飲みます」等の習慣を表す文で練習していくのが一般的です。し
かし『まるごと』では、上記のような会話で練習します。たった２往復
の短い会話ですが、この会話からはありありとその場面が思い浮かぶの
ではないでしょうか。場面が容易に想像できるのは、**談話が交流の機能
を持たせたコミュニケーションになっている**からです。ここでは、「コー
ヒー、のみますか。」という飲み物を勧める表現で、相手に声をかける
ことからコミュニケーションがスタートします。想像してみてください。
皆さんが相手に飲み物を勧めるのはどんな時でしょうか。そこにいる相
手のことを気にかけたり、その相手と関わることを意識したときではな
いでしょうか。つまりこの「コーヒー、のみますか。」は、自分から相手
に配慮を持って働きかけ、相手と関わりを持つための言語使用です。そ
して、Aさんからの働きかけに対しBさんは、「はい、おねがいします。
／いいえ、けっこうです。」「すみません。」という表現で自分の気持ちを
伝えています。非常に短い会話ですが、「のみますか」－「はい、のみま
す」／「いいえ、のみません」というような言語形式の練習ではなく、
談話全体が、交流の機能を持ったコミュニケーションの練習となってい
るのです。学習者はどういう場面なのかしっかり把握した上で、どうい
う気持ちで言っているのか、実際の登場人物になった気持ちでこの会話
を練習します。

　次の例は、初級１（A2）「かつどう」トピック６「そとで食べる」第
11課の会話で、３人でピクニックにどんな食べ物や飲み物を持っていく

か相談している場面です。

　皆さんだったら、このような場面の時、どんな言葉で会話をスタート
させますか。自分が飲みたいものを伝えて意見を聞いたり、複数候補を
挙げて選んでもらう等さまざまな方法がありますが、ここでは、ほかの
人の意見を聞いて持っていくものを決めるために、Ａさんが「飲みもの
はなにがいいですか。」と聞くことから会話がスタートします。そして聞
かれた２人のうち１人は、「わたしはおちゃがいいです。」と自分の気持
ちを伝え、もう１人は「わたしはなんでもいいです。」と答えています。
特に希望がなくても何も言わないで黙っているのではなく、「なんでもい
い」ということを１つの自分の意見として出しているわけです。学習者
の母語にもおそらくこのような表現はあるので、どういうときに使うか、
どんなニュアンスがあるか聞いてみるといいでしょう。この会話では、
最終的に「じゃあ、おちゃにします（ね）。」と１人目の意見に決まり、
Ａさんの意見は出ていませんが、もちろんＡさんが自分の意見を言って
はいけないということではありません。「ほかの人の意見を聞いてみる」

という配慮行動が、相手とのより良い関係作りにつながると考えられます。

　このように、場面や相手の状況、気持ちを理解した上でその人のために自然に配慮したり、相手の発話意図を察したりできることが、より良い人間関係構築につながります。ただし、自分の意見や希望を述べることには文化的な価値観の違いもあるので、場面や話題によっては、学習者のなかに、このような配慮をすることに違和感を持つ人もいるかもしれません。そのときは異文化理解の学びのチャンスと捉えて、なぜこのように言うのかクラスで話し合ってみるといいでしょう。

　このように『まるごと』は、目に見えるモノ・コト、言葉、やりとり（会話）を通して日本文化に関する知識に触れ、学習者同士でその背景にある価値観を考えたり、自分や自文化、他者や他文化について考えたりすることで、異文化理解能力を持つ人を育てることを目指しています。

(4) 異文化理解学習のツール　ポートフォリオ

　ここまで異文化理解学習の具体的な教室活動の事例を紹介しましたが、JFS では、異文化理解学習のツールとして、ポートフォリオの使用も提案しています。ポートフォリオは学習成果を蓄積していくファイルのことです。日本語学習の評価表や作文などの学習成果を保存していきますが、日本文化について学んだことも、このポートフォリオに入れることで、自身の学びを確認したり評価したりすることができます。

　保存するものは学習者と教師が相談して決めます。教室外で手に入れた日本語で書かれたパンフレットや日本食レストランで食べた食べ物の写真などを入れてもいいでしょう。大切なのは、**自分の知識や考え方が変化したと思うものを中心に保存していく**ことです。クラスではそれを使って、自身の文化的な学びをほかの学習者に話します。ただ経験を話すだけではなく、どのようなことを考えたのかを一緒に話すことが大切

です。海外では日本語のクラス外で、実際に日本文化に触れることは少ないかもしれません。そういう時は、「生活と文化」や「ことばと文化」、そしてやりとりの中で考えたことについて、図5のような「日本文化体験記録」に記録していくのもいいでしょう。クラスのなかで考えたことや気づいたこと、後で調べてわかったこと、それについてどう思ったかなどを記述します。そして学期の途中や終了時に、記録したものをもう一度見る機会を作ります。そうすることで、学習者自身で、自分の考え方がどのように変化し、成長したのかを自覚することができます。また、学習者同士で見せ合いながら話すことで、自分だけでは気づかなかったことに気づいたり、他者の異なる考えや見方を知ったりすることができます。それが学習者の次の行動へとつながっていくことになります。

図5：日本文化体験記録シートの例

4. 異文化理解能力を育てるための教師の役割とは

　本章では、『まるごと』を例に、異文化理解能力を育てる活動を紹介しましたが、そこで求められる教師の役割とはどのようなものでしょうか。本章の最後に、教師に必要なことを2つ述べたいと思います。

　1つ目は、**知識を与えるのではなく「深める手伝い」をするファシリテーターである**ことです。決まった答えを教えたり説明したりするのではなく、学習者自身で考えを深められるように問いかけ、気づきを促し、そして見守ることです。異文化理解能力は1回の授業で身につくものではありません。態度の変容には時間がかかるものです。問いかけ、気づきを促し、見守ることを繰り返し行います。そして、問いかけ、促し、見守るためには、教師は常に「文化は複雑で多様で可変的である」というスタンスに立って学習者に働きかけることが大切です。そのために、教師自身も学習者のさまざまな経験や意見に一緒に耳を傾けましょう。教師も学習者の個々の文化について学ぶという態度を持つことが大事です。教室で学習者の意見を聞き、素直に反応すること。その教師の表情を見て、学習者が自分の文化が当たり前ではない、取るに足らないものではなく価値のあるものだ、ということに気づきます。学習者と同じ目線で一緒に考える姿勢が大切です。

　2つ目は、**教室と現実社会との橋渡しをする**ことです。教室で気づいた日本の生活習慣やコミュニケーションの内容について、現実社会でも客観的に観察したり、実際に行動してみるよう促します。学習者自身で教室と現実社会をつなぐことが大事です。それを繰り返すことで、学習者の中で「日本」や「日本人」がだんだんと実体を持っていきます。それは自分の中で意味づけができるということです。海外では、現地でもできる文化体験や日本のインターネットサイト、SNSコミュニティーについての情報等を提供すると、促しもスムーズにいくかもしれません。

学習者の方が詳しいこともあるので、学習者同士で情報交換するよう促すのもいいと思います。そして個々の学習者の体験をクラスで共有し、深める時間を作りましょう。異文化理解能力は自分一人でじっと考えているだけでは育ちません。他者と話すことや自分自身をふり返って考えることが肝要です。

　異文化理解能力の育成は、言語の教育と合わせて今後ますます重要視されていくでしょう。そこで教師に求められる役割は何か、しっかりと認識しておきましょう。コースやクラスによっては、文化について考えるまとまった時間は取れないかもしれませんが、短い時間でもぜひここで紹介したような活動を授業に取り入れてみてください。一回一回は短い時間であっても、考える活動を続けることが、学習者の異文化理解能力を育成することにつながります。

表1：『まるごと』入門 (A1)「かつどう」「生活と文化」　本冊では、学習者が読めるよう、仮名書き、分かち書きになっています。説明には英訳もあります。

トピック	テーマ	取り上げた写真	説明・問いかけ
1. にほんご	名前	まおちゃん、松下さん、鈴木様、たかしくん等	・あなたはほかの人をどう呼びますか。 ・ほかの人はあなたをどう呼びますか。
2. わたし	家族	母／お母さん、父／お父さん等	・私の家族とほかの人の家族では、呼び方が違います。 　あなたの国ではどうですか。
3. たべもの	ファーストフードの店	ハンバーガーショップ、回転寿司、立ち食いそば、コーヒーショップ等	・あなたの国にはどんな店がありますか。安いですか。おいしいですか。 　速いですか。 ・あなたはファーストフードの店で食べますか。
4. いえ	部屋	子ども部屋、ダイニングキッチン、和室とふとん	・部屋をどう使いますか。
5. せいかつ	朝と夜	朝：小学生の登校、自転車に子どもを乗せて通勤途中に幼稚園に送る母親、朝の駅の階段、夜：ジムでトレーニングする人、塾に通うこども、居酒屋で乾杯する会社人	・朝／夜、何時ごろ何をしますか。
6. やすみのひ1	日本の季節のイベントと祝日	花見、花火・盆踊り・海水浴、祭り・もみじ・ぶどう狩り、初詣、雪祭り	・あなたの国ではどんなイベントがありますか。 ・ほかの人にいちばん紹介したいイベントは何ですか。
7. まち	日本の町	コンビニ、自動販売機、マンホール、交番、駐輪場、ポスト	・これは何ですか。 ・あなたの町にもありますか。
8. かいもの	お土産	全国のおかし7種（もみじ饅頭、カステラ、八つ橋等）	・旅行のお土産によくおかしを買います。日本中に有名なおかしがたくさんあります。 ・あなたの国ではどうですか。
9. やすみのひ2	日本の観光地	全国の観光名所20か所（金閣寺、東大寺、富士山、鳥取砂丘、桜島、瀬戸大橋等）	・地図を見て話しましょう。どこに行きたいですか。何を見たいですか。日本中で行きたい町や町で、何を見せたいですか。 ・日本からお友だちが来たら、あなたの国や町で、どこに行きたいですか。

表2：『まるごと』初級1（A2）[かつどう] [生活と文化]

トピック	テーマ	取り上げた写真	説明・問いかけ
1. わたしと かぞく	妻と夫の役割	子どもを連れて散歩する若い父親、通勤途中に子どもをベビーカーに乗せて託児所に連れて行く母親、台所で一緒に食事の支度をする若い夫婦、掃除機で部屋の掃除をする若い夫	最近、家庭の中での妻と夫の役割が変わってきました。どのように変わったと思いますか。それはどうしてだと思いますか。 ・あなたやあなたの周りの人と同じですか。
2. きせつと てんき	「涼しい」夏	風鈴、流しそうめん、金魚鉢、グリーンカーテン、おばけやしきと幽霊（イラスト）	日本の夏は気温と湿度がとても高くなります。暑い季節を気持ち良く過ごすために、日本にはいろいろな生活の工夫があります。 ・あなたの国では、厳しい季節を気持ち良く過ごすために、どんなことをしますか。
3. わたしのまち	いろいろな街並み	神田古本屋街、アメ横、川越	いろいろな町の風景を見てみましょう。 ・あなたの町にはどんな風景がありますか。 ・あなたの町であなたが好きなところはどこですか。どうしてですか。
4. でかける	待ち合わせ	渋谷駅「ハチ公前」、東京駅「銀の鈴」	東京ではよく駅や駅の近くで待ち合わせをします。 ・あなたはどこで友だちに会いますか。どのくらい待てますか。
5. がいこくと がいこく ぶんか	外国文化を楽しむ	太極拳（中国）、クラシック音楽（ヨーロッパ）、フラダンス（ハワイ、アメリカ）、インド料理（インド）を成人クラスで楽しむ人々	何をしていますか。これはどんな国の文化に関係がありますか。 ・あなたの国・町では、どんな国の言葉、文化に触れることができますか。
6. そとで食べる	お弁当	新幹線車両と駅弁、昼食を食べる会社員とコンビニ弁当、昼食を食べる幼稚園児とキャラ弁	日本ではいろいろなときに、お弁当を食べます。 ・あなたの国ではお弁当を食べる習慣がありますか。どんなお弁当ですか。
7. しゅっちょう	日本の会社	資生堂（化粧品売り場）、ホンダ（バイク）、ユニクロ（店舗）、無印良品（店舗）、ヤクルト（ヤクルト）、セイコー（電光掲示板）、パナソニック（家電）	日本の会社は世界中で活躍しています。あなたは日本の会社を知っていますか。 ・あなたの周りに日本の製品がありますか。

健康法 | ラジオ体操（公園）、ラジオ体操（職場）、万歩計、肩もみ器、バランスボール（職場） | 健康のためにいろいろな活動をしたり、道具を使ったりします。
・あなたの国では健康のためにどんなことをしていますか。
・昔からの健康法、新しい健康法について話してあげましょう。

プレゼントの贈り方 | いろいろなラッピング（箱・包装紙・リボン等）、風呂敷、ご祝儀袋、ふくさ | 物をあげるとき、包み方が大切です。
・あなたはプレゼントをどのようにしてあげますか。

（上記は表の続き：8. けんこう／9. おいわい）

表3：『まるごと』初級1（A2）[リカい][ことばと文化]

トピック	テーマ	説明・問いかけ
1. わたしとかぞく	初めて会った人と話すこと	初めて会った人にどんな質問をしますか。 a. 家族は何人ですか。 b. 子どもはいますか。 c. 何歳ですか。 d. どこに住んでいますか。 e. どこで働いていますか
2. まちとこうつう	道で誰かに会ったとき	知り合いに道で会ったとき、何と言って挨拶をしますか。 a. いい天気ですね。 b. ごはん、食べましたか。 c. お出かけですか。 d. お元気ですか。 e. そのほか
4. でかける	待ち合わせに遅れるとき	友だちと待ち合わせをしました。でも、あなたは20分ぐらい遅れます。電話で友だちに連絡するとき、はじめに何と言いますか。 a. 今、こっちは渋滞です。 b. すみません。 c.20分ぐらい待ってください。 d.（連絡しません） e. そのほか
6. そとで食べる	嫌いな食べ物を勧められたとき	嫌いな食べ物（例 辛いもの）を勧められたとき、何と言いますか。 a. 私は辛いものが嫌いです。 b. 辛いものはちょっと苦手で…。 c. もうお腹がいっぱい…。 d. そのほか
7. しゅっちょう	日本語を褒められたとき	キャシーさんはどう言いますか。 たなか：キャシーさんは日本語が上手ですね。 キャシー：（　　　） a. そんなことはありません。 b. ありがとう。 c. ええ、大学で勉強しましたから。 d. いいえ、まだまだです。 e. そのほか
9. おいわい	プレゼントをもらったとき	プレゼントをもらったとき、何と言いますか。 a. ありがとうございます。 b. すみません。 c. 開けてもいいですか。 d. そのほか

表4：「まるごと 初級2 (A2)」[かつどう] [生活と文化]

トピック	テーマ	取り上げた写真	質問・問いかけ
1. 新しい友だち	制服	幼稚園の子ども（かけっこ作業中）、自衛官（回診中）、医者と看護師（回診中）、銀行員（窓口対応中）、板前（寿司をにぎっているところ）、清掃員（新幹線車両内清掃中）	・あなたの国では、どんな人たちが制服を着ていますか。制服をはどのように見えますか。
2. 店で食べる	作りながら食べる料理	しゃぶしゃぶ（鍋、作りながら食べる人たち）、お好み焼き（鉄板上の焼きそばとお好み焼き）、焼き肉（店内、お客さんと店の人）、手巻き寿司（おうちで酢飯、作っている人の手）	・あなたの国には、作りながら食べる料理がありますか。どんなときに食べますか。
3. 沖縄旅行	自然を楽しむ観光地	山（富士山）、湖（摩周湖）、森（白神山地）、川（四万十川）、砂丘（鳥取砂丘）、滝（那智の滝）	・あなたの国には、自然を楽しむ観光地がありますか。
4. 日本まつり	ボランティア	災害ボランティア（避難所の体育館で作業している人たち）、保育サポート（サポートする人と子ども）、観光ガイド（広島平和記念公園）、雪下ろしボランティア（屋根の上で作業中）	・ほかの人のために、ボランティアとして進んで働く人たちがいます。・あなたはボランティアをしたことがありますか。
5. とくべつな日	日本の正月休み	正月の買い物（市場）、出国ラッシュ（空港）、帰省ラッシュ（駅）、年越しそば、除夜の鐘を突く人々、初詣（神社に詣でる人々）、デパートの初売り（福袋を買う客）、仕事始め（羽織姿の社員）、振袖姿の新成人	・あなたの国の特別な休みはいつですか。どう過ごしますか。
6. ネットショッピング	いろいろな店	専門店（食器を選ぶ夫婦）、個人商店（アーケードの商店街）、スーパー（食品棚、食料がたくさん入ったバスケット、家族）、コンビニ（店内レジカウンター）	・あなたはどんな店でどんな物を買いますか。
7. れきしと文化の町	伝統文化と今の生活	西陣織のネクタイ、友禅の服、漆・螺鈿の携帯ケース、町屋のレストラン（伝統的な外観とモダンに改装された内部）、抹茶のロールケーキ	・あなたの国の伝統文化は、今の生活にどのように取り入れられていますか。

8. せいかつと エコ	エコ活動	環境教育（海岸清掃をする中学生、湿地帯の生態系を守る活動をする小学生）、クールビズ、ハンカチとエコアータオル、資源ごみを集める人たち	・あなたの国の学校、オフィス、町ではどんなエコ活動をしていますか。
9. じんせい	日本の50年前と今	昔（1960年代）と今（2010年代）の写真：町、ファッション、家・台所、家族	・あなたの国りの50年前と今を比べてみましょう。どう変わりましたか。

表5：『まるごと』初級2 (A2)［りかい］「ことばと文化」

トピック	テーマ	説明・問いかけ
1. 新しい友だち	家族を褒められたとき	家族を褒められたら、あなたは何と言いますか。 [例：優しそうなご主人ですね。/お子さん、頭が良さそうですね。] a. ありがとうございます。 b. そんなこと、ありません。 c. 私もそう思います。 d. そのほか
2. 店で食べる	レストランで店の人を呼ぶとき	レストランで店の人を呼ぶとき、何と言いますか。 a. すみません。 b. お願いします。 c. お姉さん！/お兄さん！ d.（何も言いません。手をあげます。） e. そのほか
5. とくべつな日	12月31日の挨拶	12月31日（大晦日）に何と言いますか。 a. 明けましておめでとうございます。 b. 良いお年を。/良い年をおむかえください。 c. 今年もどうぞよろしく。 d. そのほか
6. ネットショッピング	自分の意見と違う意見を言われたとき	自分の意見と違う意見を言われたとき、どう答えますか。 a. それは違います。 b. 私はそう思いません。 c. そうですか。 d. そうかもしれませんね。 e. そのほか
8. せいかつとエコ	ほかの人に注意するとき	ほかの人に注意するとき、どう言いますか。 a. 電気がついたままですよ。 b. 電気をつけたのはあなたですか。 c. 電気を消してください。 d.（注意しません。） e. そのほか
9. じんせい	友だちのあまり良くない近況を聞いたとき	友だちの近況を聞いて、あまり良くない話があったら、あなたは何と言いますか。 a. 残念ですね。 b. 頑張ってください。 c. 大変ですね。 d. そうですね。 e. そのほか

学びを深めるために

① 皆さんの学習者の周りにはどのような文化的環境がありますか。学習者がクラス外でどのようなコミュニティーに参加しているか、どこでどんな情報に多く触れているか調べてみましょう。

② 「まるごとサイト」の各レベルのサンプルページ
(https://marugoto.jpf.go.jp/about/series/) にある「生活と文化」を見て、皆さんのクラスで使うとしたらどのような質問をしたらいいか、考えてみましょう。学習者の回答を想像しながら、DQ の質問と RQ の質問を考えてみてください。
（P134 のコラム参照）

第 **6** 章

/////////////////////////////////

課題遂行型の日本語教育

実践のステップ

課題遂行型の日本語教育は私たちが今までに経験したことのない、新しい動きです。

従来型の日本語教育を長年実践してきた日本語教師には、従来型の考え方、既成概念、枠組みがあるのですが、それを超えて新しい考え方を知り、受け入れなければコースや授業を設計することも教材を作ることもできません。

課題遂行型の日本語コースブック『まるごと　日本のことばと文化』も、開発に携わったメンバー全員が従来の日本語教育をふり返り、これまで疑うことのなかった日本語教師としてのマインドセットの変容を余儀なくされるものでした。

本書の最終章として、日本語コースと授業をデザインしながら『まるごと』を開発するなかで発見し、議論し、確認していったことを、読者の皆さんと共有したいと思います。

1. 学習者と学習ニーズの分析

　日本語コースのデザインは学習者について、例えば、日本語力、学習歴、どんなとき日本語を使いたいか、興味関心のあることなど、情報収集するところから始まります。そして学習者がどんな人なのか、どんな学習ニーズがあるのかを調べるのです。これは学習目標を明確にするために必須の作業ですが、ここで注意したいのは、自分が普段どんな言語活動を行っているかを思い出して言語化するのは存外難しいものなので、学習者自身は表面的なニーズしか言えないことがよくあるということです。そんなときは、教師が学習者の生活行動などから、ニーズを掘り起こすことも必要になります。

　学習者に関する情報は、学習ニーズに合った言語行動をイメージし、Can-do を設定する上でとても重要です。学習は学習者のもの。**学習者のニーズの把握と掘り起こしはコースデザインの基礎**になりますので、きっちり行います。初級の教科書が学校で指定されている場合、特に言語項目が並ぶ文型シラバスの教科書の場合はあまり重視されないかもしれませんが、**Can-do を目標にするコースでは、既存の教科書や教材であってもその一つ一つを学習者ニーズと対照し、よく検討する必要があ**ります。

『まるごと　日本のことばと文化』（以下、『まるごと』）の場合、海外の成人学習者、個人的なニーズや興味、仕事上のニーズなどがあって日本語を気軽にやってみたいと思っている人たち、というふうに対象とする学習者をイメージしました。海外の学習者は日本語を使う機会が少ないとはこれまでよく言われてきたことです。しかし時代が 21 世紀に移り変わって久しい今も、本当にそうなのでしょうか。確かに、海外の学習者の言語行動とはどんなものなのか、国内との違いから考えると、いわゆる生活日本語ははじかれます。けれども、国境を越えた人の移動が活

発になり、また IT も発達した現代社会においては、海外の学習者も日本語話者と一緒に働く、活動する、インターネットでつながる、交流する、自分の趣味の分野で日本語を使う、というふうに日本語を活かす機会はたくさんあるのです。

　日本で生活する外国人は、生活する上で必要な情報を求めて日本語を使うという場面（例えば病院や子どもの学校、役所の窓口など）も多く、生活日本語はそれを反映しています。ところが、海外学習者は自分の国・地域で生活していますから、交流場面では情報源として会話の中心にもなります。つまり、いつも情報を求めている人ではなく、反対に情報を与える人、情報源として発信をする人なのです。自分の町に来た日本人の知り合いに町の情報を教える、一緒に食事に行って地元の料理を勧める、など大人のつきあいのなかで、異文化理解能力も伴いながら日本語を役立てることができます。

　約 379 万人いると言われる海外の日本語学習者[1]のニーズは、試験合格にとどまるものではないということ。むしろ、**人々の交流という言語本来の目的をいよいよ意識して教育を実践する必要がある**し、また、それができる時代になったのだと思います。さらに言えば、上にあげたような日本語話者と一緒に働く、活動する、ネットでつながる、交流する、趣味で日本語を使う、自分の持っている情報を与える、という運用場面はなにも海外だからできるということではなく、日本にいる学習者にももちろんあり得ることです。学習者自身も自分の国、日本、ほかの国を移動する時代です。**学習者のニーズを知る上で、海外、国内と分けて考えるだけでは十分ではないように思います。要するに、現実をよく観察して学習者のリアルな言語運用を掘り起こすこと、そこから学習ニーズ、**

— [1]　国際交流基金が実施した 2021 年度海外日本語教育機関調査によれば、海外の日本語学習者約 379 万人、日本語教師数 74,592 人、日本語教育機関数 18,272 機関となっている。学習者数は教育機関における学習者を示しているため、インターネットなどによる自学自習を含むとさらに大きな数になる。

学習目標 Can-do を設定することが大事です。

2. コース全体の構成内容

(1) レベルの定義：「初級」か「A1/A2」か

　学習者のニーズ分析が終わったら、どんなコースにするか全体的な設計方針を立てます。そこでまずコースのレベルを設定する必要がありますが、今まで「初級」と呼んでいたレベルは、なんと CEFR や JFS、参照枠では A1 レベルと A2 レベルの 2 つにまたがるものです。「初級」とは何なのでしょうか。

　今まで「初級」でやってきたことを思い返すと、確かに文型、文法、文字、語彙と学習する項目の種類も数も多い。さらに総合日本語は 4 技能をすべてやることになっている。そのため学習時間も長くなり、「日本語は難しい」「これだけやっているのにまだ初級！？」「日本語は時間がかかるから選ばない」という声を聞くこともよくあります。けれどもA1・A2 と初級を比べて気がつきました。**「初級」というレベルが 1 つあるだけでは到達目標が高すぎて、あるいは遠すぎて、まだ途上にある学習者を評価できていなかった**のです。

　A1 レベルは従来の初級よりもずっと手前にあるゴールですから、入門期の学習者にとっても現実的な目標ラインで「達成できそう」だと思えることでしょう。長期的に日本語を継続するかどうかはともかく、日本語を気楽に始めてみようという気持ちにもなれそうです。日本語学習のはじめの一歩を踏み出しやすくするためにも、日本語入門コースのレベルは「初級」ではなく「A1」から始めるのが良いように思います。

（2）初級のコース内容：「フルコース」か「アラカルト」か

　課題遂行型の日本語コースで学習目標を Can-do で設定することは、本書でも繰り返し述べてきました。Can-do は言語活動を表すもの、日本語で課題遂行するための運用力あるいは技能です。

　ここで今までの初級を考えると、ずっと「総合日本語」が主流です。文字・語彙・文法・文型・会話・読解・作文・聴解と、これを全部「初級」という１つの授業でやってきましたが、本当にこれでいいのでしょうか。これは、食べたくなくてもフルコースディナーが運ばれてくるようなものです。学習ニーズに沿うには、好きなものを選べるアラカルトメニュー、例えば技能別のコースもあったほうがいいはずです。会話のコース、作文のコース、読解のコース、あるいは多技能の活動を行うにしてもトピックや場面を主軸にして学習内容を文脈化したコースなど、Can-do で学習目標を立てることで、入門・初級でも活動ベースの授業が可能になります。言語項目の学習もそれをメインにするのではなく技能の習得に関連させて行うことで学習効率と効果が期待できます。

　入門・初級のコースデザインは長い間画一的なものでしたが、実は新しい枠組みを使って考え直せば、コースを目標別に分けてデザインしやすく、学習ニーズをより広く満たすことができます。『まるごと』に「かつどう」と「りかい」があるのは、時間的制約の大きい成人学習者が、優先させたい目標、言語活動（会話力の養成）か言語能力（言語項目の体系的学習）かを選べるようにするためでもあります。コースデザインはもっと柔軟にできることが、ここからもわかります。

3. シラバス（学習項目表）の作成

（1）Can-do はどう作る？

　課題遂行型の日本語コースの場合、学習者のリアルな言語運用から学習目標を掘り起こす必要性があります。そして、具体的に学習目標とする Can-do 能力記述文が必要になるわけですが、それをどうやって作ればいいのか、これもまた大きな問題です。必要なのは文型ではなく、行動を表す Can-do です。それはどこにあるのか？本来、言語行動は私たちの日常の中にあるわけですが、それは無限にあります。だから CEFR や JFS、参照枠の Can-do がどんなにたくさんあっても「例示」なのです。

　シラバス（学習項目表、学習内容一覧）を作るためにまず必要なのは、学習目標にする Can-do です。JFS や CEFR、参照枠などの参考資料で探すことになりますが、ちょうどよいものがなければ、教師が自分で作ることになります。学習者のニーズに合ったものにする必要がありますから、**Can-do の言語活動について、いつ、どんなところで、だれが、どんなことをコミュニケーション言語活動として行っているのか、できるだけ具体的に考えましょう。**言語が実際に運用される場面、トピック、そして『まるごと』の場合はコミュニケーション行動と人々の背景にある文化も含めて考えますが、これらのことは次に目標 Can-do の実現形であるモデル会話を作るためにも重要なことです。

　Can-do の作成は、既存の Can-do を参考にして学習者に合わせて文言を変える程度ならあまり大変ではありませんが、気をつけたいのはレベルがずれないようにすることです。教師が Can-do を自作する場合は、少なくとも複数の同僚教師と一緒にそのレベルを確認しましょう。（※参照 P160 コラム「MY Can-do の作り方　ツール紹介」）

MY Can-do の作り方　ツール紹介

　CEFR、JFS、参照枠に自分の学習者にとってちょうどいい Can-do（活動 Can-do）が見つからない場合は、教師が自分で Can-do を作成することもできます。そのような Can-do を JFS では MY Can-do と呼んでいます。

　MY Can-do のいちばん簡単な作り方は、参考になる Can-do を自分の教育現場に合わせて書き換えることです。その際、活動 Can-do の構成要素（条件、話題・場面、対象、行動）を確認しながら文言を変えていきます。JFS ガイドブックの「Can-do のレベル別特徴一覧」には各レベルの特徴の詳細が書かれていますので、参考にしてください。そして Can-do を作ったら、同僚の教師たちと一緒に、その内容とレベルを確認しましょう。

MY Can-do 作成に役立つ資料

- 「JF 日本語教育スタンダード【新版】利用者のためのガイドブック」
  > MY Can-do を作る　P20-24
  >「Can-do のレベル別特徴一覧」（参考資料 3-1/2/3）P72-77
  PDF ダウンロードページ
  https://www.jfstandard.jpf.go.jp/publicdata/ja/render.do

- 「みんなの Can-do サイト」　JFS の Can-do のデータベース
  https://www.jfstandard.jpf.go.jp/cando/
  >マイページ> MY Can-do >新しい MY Can-do を作る
  ※マイページを利用するにはユーザー登録が必要です。

（2）モデル会話の作成と言語項目の選び出し

　会話の授業の場合、目標 Can-do を設定したら次にモデル会話を作成します。ここで**大事なことは、文型練習のための会話文を作るのではなく、私たちが実生活でほんものの言語行動としてどんな会話をするかをまず思い出したり考えたりしてから、文型はそこから拾い上げることです**。それが会話のための文型です。文型練習のための会話ではないので、文型シラバスに慣れている人は、頭を切り替えないといけません。以下は、会話テキスト（言語活動）から文法・文型を選び出した『まるごと』の例です。

会話をイメージする	文法・文型を決める
（ツアーの集合場所で） A：京都ははじめてですか。 B：いいえ、2 回目です。去年の春、来ました。 A：そうですか。どうでしたか。 B：さくらがとてもきれいでした。 A：京都はいつ来ても自然がきれいですよ。 B：はい、今日も楽しみです。 C：はい、はじめてです。今日はよろしくお願いします。	**文型・文法** ・（疑問詞）～ても **表現** ・～ははじめてですか ・はい、はじめてです ・今日も楽しみです ・今日はよろしくお願いします **語彙** ・はじめて／1 回目／2 回目／…

図 1：目標 Can-do をもとにした会話文と文法・文型の抽出の例

　これは初級 2（A2）「かつどう」の第 13 課「この おてらは 14 せいきに たてられました」という課の会話文です。目標 Can-do は、「おなじ ツアーの グループの 人に その かんこうちに はじめて 来たのか 聞きます／言います」。「歴史と文化の町」というトピックで、どんな場面でどんな会話をするか考えます。ここでは京都が大きな場面になっているの

で、観光客が小グループのツアーに参加することを想定しました。日本旅行のために役立てたいということで日本語を学ぶ学習者は多いので、そのニーズに合っていると思います。

　ツアーの始まりは、というと、指定の時間と場所に集合することです。そこにはガイドさんや一緒にツアーに行くほかの客も集まってくるはずです。初対面の人たちですが、一緒に行動する人たちですから、何かちょっと話せるといいですよね。それでこういう会話を考えました。実はよくある会話だと思います。皆さんも旅行や出張のときにこんな感じで話しかけられたり話したりしたことがあるのではないでしょうか。

　この会話から、表現「京都ははじめてですか」、文型「（疑問詞）〜ても（いつ来てもきれいです）」を拾いました。京都ともなると、2回目3回目の人も少なくないと思います。ですから、いつ来ても、どこを見ても、何を食べてもすばらしい、初めてじゃなくても楽しめますよ、ということを言っているわけです。「確かにこんなときにはこんなことをこんなふうに言いますね」と複数の人が思えれば、会話と使った文型の相性がよく、自然だということです。

　モデル会話を書くときに注意したいことは、**学習目標にする価値のある会話にすること**です。特に、日本語が自然で、内容的にはだれもが一度は話したり聞いたりしたことのあるような「よくある」会話にすることです。そして**丸暗記するのではなく、学習者が自分らしさを入れる余地が会話にあること**も、とても大事です。

　さらにもう1つ、自然な会話で使う言語形式は書き言葉とは違うことがよくあるということにも注意しましょう。文型学習用の会話文なら、多少のぎこちなさには目をつむることが多いかもしれませんが、課題遂行型の教材として自然な日本語のやりとりを目指すのであればそうはいきません。活動 Can-do が学習目標の場合、言語項目・表現形式をどう扱うか。その答えは基本的に「文脈上、ありのままの自然な形」を使うということです。

言語項目を体系的に学習することを目標とするのであれば、会話の授業に割り込むのではなく、そのための授業を別に行うのが望ましいと考えました。言語項目の学習は、『まるごと』の場合は、「りかい」が担当しています。もちろん「りかい」も課題遂行型の日本語教育の教材ですから、言語項目の学習であっても、言語活動 Can-do に基づいたものになっています。

　トピックや場面から日本語教育用の会話を考えるのは案外難しいことです。会話を考えるときは、自分の海外経験、欧米言語の教科書、映画やドラマなどの記憶をたどって、モデル会話案を書くといいかもしれません。たくさん書いて、同僚の先生と見せ合って、レベルに合っているかを検討しながらより良いモデル会話にしていってください。

（3）言語項目の配列とレベル

　ここで、読者の皆さんのつぶやきが聞こえてきました。いくら言語活動 Can-do が主軸になるとは言え、**文型項目の配列はまったくばらばらでもかまわないのか**、という疑問です。Can-do 会話を 1 つか 2 つ練習して終わり、というような単発の授業ならまだしも、コースとして授業を継続していく場合にはどうすればいいのか、頭が痛いところです。

　実は海外の英語教育では、Can-do のレベルに文法、語彙などの言語項目をひもづけるという膨大な作業がすでに進んでいて、たとえば単語が持つ複数の意味と学習者の外国語のレベルの関係がわかるオンラインデータベースもできています。[*2]

― *2　English Profile ＜ http://englishprofile.org/ ＞の参照レベル記述（Reference Level Descriptions , RLDs）膨大な量の英語学習者コーパスを分析し、単語や文法項目と CEFR のレベルの関係性を明らかにしたもの。オンラインデータベース English Vocabulary Profile Online、English Grammar Profile Online で検索可能で、CEFR の各レベルでどのような英単語や文法を教えるのが適切かを調べることができる。

残念ながら日本語教育ではまだまだこのような研究は始まってもいません。また、言語習得研究も言語項目の習得順を教育に体系的に応用できるほどには、まだなっていません。では Can-do シラバスの文型選定は気ままにするしかないのか？いいえ、そんなことはありません。

　文型シラバスの日本語教科書の文型リストをながめると、構造や用法が基本的なものから複雑なものへとだいたい並んでいます。[*3]　『まるごと』の制作にあたっては、文型・表現は従来の初級項目を入門（A1）、初級1（A2）、初級2（A2）に目安として予めふりわけておき、Can-do モデル会話の案を作ってからその項目が使えているかどうかを確認する、という方法で作業を進めました。学習目標の主軸はあくまでも Can-do ですから、会話作成にどんなにがんばっても使えない項目は、無理して使わないようにしました。こうして Can-do から言語項目を抽出する方法をとった結果、例えば、「〜て」の用法（順接、理由）のように、同一形式の項目でも別の Can-do で異なる用法を使うなど、運用場面に沿った文型の配列が結果としてできました。今後もっと洗練された研究知見が出てくることを期待したいと思います。

[*3]　「易から難へ」は学習原理の基本。

4. 学習／指導方法の検討

(1) 第二言語習得プロセスをベースにした
　　新しい授業の方法

　CEFR や JFS、参照枠は学習目標と評価基準に関する枠組みとしてとても大きな役割を果たしますが、コースデザインをしながら授業の方法を考える段階に至ったとき、大きな疑問が沸き起こりました。教え方の指針はないのだろうか？　はい、残念ながら、CEFR や JFS、参照枠には授業設計の指針はありません。ということは、学習目標を Can-do で設定したら、そのあとは教師が教え方を考えなければならない、ポジティブに言えば自由に考えてよいということです。

　従来の典型的な教授法、つまり文型シラバスが主流の初級総合日本語の教え方は、文型の形と意味を代入練習などで練習しながら「積み上げる」というものです。4 技能間の関係性や各技能が学習プロセスにどうかかわるか、という観点は特に強調されていませんが、文字学習を入門期に集中して行い、文字が読み書きできないと学習は進まないというビリーフは根強くあります。日本語教育は長い間（少なくとも半世紀以上）基本的にこのような考え方と方法で行われてきました。しかし、学習者の日本語運用力が授業の成果としていよいよ求められるようになった今、これまでと同じ方法で大丈夫だと自信を持って言えるでしょうか。

　課題遂行型の日本語教育を実践するためには、新しい方法、新しい授業の流れを考える必要があります。そこで参考にしたのが第二言語習得理論です。人間は言語をまず聞くことから始める、それが最終的に話すことにつながるという言語習得のプロセスは、会話の Can-do を目標とする『まるごと』の授業の流れを考える上で最適と思われました。

（2）音声重視の教え方の工夫

　第二言語習得理論をベースにして授業の方法を考えた結果、『まるごと』の授業は音声先行、音声重視、聞くこと重視、といった特徴につながったわけですが、これに関しては第2章で述べたとおりです。第二言語習得理論を教材に取り入れるうえで、質の良いインプットを大量に与える、インプットから推測や気づきを通して言語形式を学び取れるようにするなど注意する点がいろいろあります。アウトプットにつながるインプットについて考えるとき、まったく同じ会話を繰り返し聞いても苦痛であるだけでなく、それは日常の言語行動を反映するものでもありません。

　そこで、何度も聞きたくなる教材にするために、①モデル会話をベースに、登場人物が違うものを数種類つくる、②音声教材は登場人物の個性がわかる自然な日本語で録音する、③日本語教材としてはまだ珍しかったBGM（背景音楽）を使う、といったことをしました。特に①②は、人物を一人一人違う存在として表現し、JFSの理念である「相互理解のための日本語」の交流場面を具現化するものでもあります。

　第二言語習得理論、音声重視の方針は、言語能力／言語項目の体系的学習を目指す『まるごと』「りかい」を作るときにも反映されました。第3章でも述べたように、Can-do モデル会話から抽出した文型・文法を学習するのが「りかい」ですが、答えの文を音声でチェックすること、文型学習のために聴解を取り入れていること、トピック・場面を活かして文型練習がすべて文脈化されていることによって、インプットの意味の推測やアウトプットのモニタリングなど第二言語習得プロセスにおける文法知識の役割がより有効に働くことが期待できます。

　このように第二言語習得理論を授業設計の枠組みとして参照したことで、音声を重視した教え方にたどり着きましたが、大事なことはこの方法が会話力をつけるという学習目標を達成するまでの道筋としては、おそらく適切であることです。課題遂行型の学習目標はさまざまあります

から、その教え方／学び方については、今後も探求する必要があるでしょう。例えば、『まるごと』の中級（B1）では、読解学習で読みのストラテジーを教えるなどして、学習者の自立を促す方策を積極的に取り入れています。学習目標にあった内容・方法は何かという視点が大事です。

(3) 文字学習のあり方を再考する

　日本語の学習はひらがな・カタカナを覚えることから始まる、というのは今まで「常識」でした。そうしないと「教科書や板書が読めなくて、授業についてこられないから」ですが、1週間か10日で文字通り文字を詰め込まれても学習者は苦しいだけ。日本語なんかやめようと思う人さえ出てきます。

　しかし、音声重視・音声先行を徹底したコースでは、従来のようにコース開始と同時に集中的に文字の読み書きの完全学習を強いる必要はないと考えます。もちろん、日本語学習において多くの場合、文字学習は避けて通れないものです。けれども、考えてもみてください。言語はもともと音声先行。文字は音声で表現したことを記録するためにあとで作られました。

　現代日本語の場合は、ひらがな48文字、カタカナ48文字、それに読み方がいくつもある漢字約2,000字[*4]。日本語の音にも慣れていないうちから、無意味つづりの状態で単純に形、発音を覚え、再生する（書く）のは認知的にも大変な負担になります。学習成果も得られにくい方法に固執せず、自分に関係のある言葉や表現が聞けばわかるぐらいになってから文字を読んでみる方法も「あり」ではないでしょうか。

　『まるごと』の文字学習の基本的な考え方は、「かつどう」「りかい」を併用した場合になりますが、①学習した言葉、知っている言葉を、②読

ー *4　現行の常用漢字表（平成22年内閣告示第2号）は、2,136字、4,388音訓（2,352音、2,036訓）から成る。

むことから始める、ということです。聞いたことがあるあの言葉、知っているあの表現を文字にしたらこうなるよ、という文字学習の捉え方をしています。

　文字を「書く」ことにしても、現代人の言語生活において自筆で書く機会は激減し、キーボードやタッチパネルへの入力によって書くことが当たり前のようになってきました。書くための道具が大きく変化しているのです。このことを無視しては、課題遂行型の日本語授業設計はできません。[*5]

　文字の指導法は、課題遂行の文脈の中での捉えなおしと、発音や語彙学習と合わせた習得プロセスを整理したうえで、再考する必要があるように思います。

5. 欠くことのできない異文化理解能力の育成

（1）日本事情・日本文化の知識にとどまらない

　従来の日本語教育において、日本事情や日本文化は中級からの日本語と一緒に扱うことが多いと思います。初級の間は言語項目の積み上げ学習に時間を割きますから、読みのテキストも基本的な項目が使われた簡単なものです。それが中級になると、日本事情・日本文化をテーマにした読解や技能統合型のプロジェクト等の教科書が目立つようです。

　学習者にとっては日本語のレベルに関係なく、文化はおもしろいはずですが、言語中心のカリキュラムにおいてその存在感は小さく、時には言語の付属物のような扱いを受けてきたように思います。さらに授業で

― *5　『まるごと』の中級（B1）には、多くの学習者が PC やスマートフォンを使用していることから、キーボードやタッチパネルによる入力を前提にした目標 Can-do もある。

は多くの場合、日本文化を知るだけで終わりますから、それは日本文化のごく一部を理解する、あるいは、知識を得るという表面的な異文化理解にしかなりません。

　大事なことは、**異文化理解能力を養うにはどうすればいいのか**ということです。JFSは「相互理解の日本語」を目指すなかで、言語と文化を一緒に学ぶことを提案しています。また、異文化理解能力を「さまざまな文化に対する広い視野を持ち、他者の文化を理解し、尊重する能力」としています。**教師は日本事情・日本文化の知識だけでなく、その先に異文化理解能力の育成があることを忘れてはいけない**のです。

『まるごと』の場合はまず、文化のテーマの選定方針として、学習者が交流する相手となる、現代の日本で暮らす人々の生活文化を取り上げ、「ふつうの人」の日常をそのまま見せています。各課の内容がすべてトピックで統一されているので、生活文化もその一部としてトピックに関連したものです。また、モデル会話の内容に登場人物の文化背景を反映させることで、日本語と表裏一体の文化について考えるきっかけを作り出しています。そして、中級（B1）まで待つことなく、入門（A1）から日本語学習と同時に日本の生活文化を通した異文化理解学習を始めます。

（2）入門期からの異文化理解学習

　さて、ここで問題なのは、入門期からどうやって異文化理解学習を行うのかということです。第5章でも述べましたが、①入門期から学びやすいように写真を多用し、異文化理解の学びのための質問を用意する、②学習者同士が母語などで話し合い、いろいろな意見や考え方を聞く時間を持つ、という方法を教室ではとります。さらに個々の学習者が興味に応じて教室の外でも文化関連の活動を積極的に行い、ポートフォリオに記録して学習者間で共有できるようにします。

　教師が学習者と母語を同じくする場合は問題ありませんが、そうでな

い場合は学習者の母語がわかる教師がこの時間を担当したり、ポートフォリオに記録した自分の教室外活動を簡単な日本語や母語などを使ってクラスで報告しほかの学習者からコメントをもらうなど、別の方法でやればいいのです。教師は学習者の発言をすべて把握したいかもしれませんが、それよりもまず、どうすれば学習者自身の中で異文化理解の気づきが起こるかを考える必要があります。

　異文化理解能力は「さまざまな文化に対する広い視野を持ち、他者の文化を理解し、尊重する能力」です。これを養う方法はまだ確立していませんから、教師が自分なりに工夫した教え方を試してみることが大事です。学習者に学ぶ機会を与え続けることが教師に求められるのだと思います。

6. 評価方法の策定

（1）目標 Can-do と整合する方法

　課題遂行型の授業を行うとなると、その学習成果をどうやって目に見える形にするかという点も一緒に考える必要があります。JFS 準拠教材の設計のなかで、学習目標を Can-do で設定すると同時に、評価は筆記試験ではまずい、ということを認識しなければなりませんでした。要するに、会話ができるかどうかは会話をしないと評価できません。つまり、パフォーマンス・テストをしなければならないということです。

　トピック5つ（10 課分）でも 20 以上の Can-do 会話がありますから、限られた時間で学習者全員のテストを行うにはどうすればいいのか、評価基準はどうするのか、詳しくは第4章で述べた通りです。テスト方法を考えるうえでの検討事項の1つは「モデル会話を暗記すればすむよう

なテストにしない」ということです。目標 Can-do の真のねらいは、教室の内外で学習者が自分のレベルなりに自然にコミュニケーション（やりとり）することですから、**暗記力の評価にならないようにする**必要があります。

　そのために、例えば試験範囲の Can-do 会話を順番と関係なくいくつか選んで、テスト会話自体が（授業で学んだトピックからなる）自然な交流会話になるように並べかえるなどの方法もあります。また、グループで Can-do 会話を組み合わせた台本を書いて寸劇をする、というとても楽しい方法もあります。テスト自体を本物のコミュニケーションに近づけられるかどうか、さらには、テスト後の達成感や満足感につなげられるかどうか、パフォーマンス・テストについて教師が考えることはまだまだたくさんありそうです。

(2) 学習者自身のふり返り

　学習者自身による学習のふり返りも、日本語教育においてはまだ広く導入されてはいない考え方です。学習のふり返りには、学習プロセスのふり返りだけでなく、学習成果の自己評価も含まれます。従来、学習の評価はほとんどの場合、教師や教育機関、大規模試験に委ねられてきました。自分の学習に関することであっても学習者は立ち入ることのできない厳正なる領域、とみなされているからですが、自己評価をすることは無意味なのでしょうか。

　学習目標に照らして、学習成果を自分なりに評価し、学びをふり返ることは、自分の学習に責任を持って関わるということです。学習の自己管理能力は、生涯学習として学びを続けられるようになるためにも欠かせません。授業のふり返りの時間を少しでも持って、目標 Can-do がどのぐらいできたか自分でチェックすること、ポートフォリオに学習の成果や記録を保存し、折に触れて学びのふり返りをすることには、そのよ

うな意味があると考えています。

（3）レベルの判定

　最後にやや重い問題を提示したいと思います。『まるごと』の初級（A2）のテストに合格した人は A2 レベルの人と言っていいのか、という問題です。CEFR には確かに全体尺度で各レベルの運用力の一般的な特徴を記述していますが、それを具体化した Can-do 自体は無数にあります。CEFR や JFS ですら、あれだけ多くの Can-do をリスト化しているにも関わらず例示的であると自ら言っているぐらいです。**評価のために A2 の Can-do をすべてテストすることは不可能ですし、実はその必要もありません。なぜか。評価は学習目標を対象にするものだからです。**そして学習目標は学習者のニーズに基づいて選定されます。その人が学ぶ必要のある Can-do、学んで評価する価値のある Can-do が学習目標になっているわけです。結局のところ、**学習は学習者のものです。何を学ぶか、何を評価するかは学習者によって実は違ってよい**のだということです。

　話を『まるごと』に戻しましょう。『まるごと』の Can-do もまた無数にある A2 レベルの Can-do の一部です。ですから、『まるごと』の初級（A2）のテストに合格した人は A2 レベルですが、正しくは「『まるごと』の A2 レベル」だと言うことができます。具体的な学習成果を学校の外でも共有する必要がある場合は、目標 Can-do をすべて見ることができる Can-do リストを利用すれば大丈夫です。

　大規模試験になると受験者も膨大な数になりますが、けれども基本的には想定する学習者があって、その学習者の能力を評価するのに適切な Can-do を選定することになるでしょう。例えば、ビジネス日本語のテストは企業で働く、働きたい人たちの受験を想定するので、当然、会社やビジネス場面における運用力が評価の対象となります。学習者にとって必要とされる言語活動ができるかどうかを評価する、という言わば学

習者中心の視点を持って、適切な方法で目的に合った評価を実施していくことが、今後ますます望まれます。

7. マインドセットの変容は仲間との協働によって実現する

　課題遂行型の日本語教育を実践するために JFS 準拠教材を開発する過程で、それが従来の日本語教育とはまったく違う考え方であるという認識を深めました。もろもろの気づきは、これから日本語教育が進化していくうえで、さらに議論し続けるべきことだと思います。

　従来の日本語教育の方法に慣れきった身としては、JFS 準拠教材の開発それ自体が異文化体験であり、遂行すべき課題満載のプロジェクトでした。**それまでの価値観や考え方を新しいものに切り替えるという、マインドセットの変容はそう単純なことではなく、時間がかかるものです。しかし、それは仲間との協働によって実現します。**同僚や関係者が一緒に考え、意見を交換し、作ったものを見せ合うことで、だんだん自分の中に変化が生まれてきます。そのとき、過去をふり返ることになりますが、過去を否定する必要はありません。むしろ一連のチャレンジは、日本語教師としての専門性に新しい枠組みを「加える」ということではないでしょうか。そして、教師として成長するのです。枠組みがこれまでのものとは（優劣ではなく）「違う」ということをしっかり認識していれば、また、自分の学習者にとってどちらがいいかを判断することができれば、教師としてより幅広く、質の高い仕事ができるようになるでしょう。

① この章で述べたトピック「学習者と学習ニーズ」、「コース全体の
　構成内容」、「シラバス（学習項目）」、「学習／指導方法」、「異文
　化理解」、「評価」について、あなたはどんな考えを持っています
　か。自分の考え、あるいは日本語教師としてのビリーフを言葉に
　してみましょう。

② あなたが今持っている考えや日本語教師としてのビリーフは、課
　題遂行型の日本語教育の考え方と比べてどうですか。考え方が
　違っても、課題遂行型の日本語教育を実践することができると思
　いますか。

③ ①②で考えたことをほかの人と話し合ってみましょう。

参考文献等

＜書籍、論文など＞

» 伊東祐郎（2022）『日本語教育 よくわかる評価法』アルク
» 遠藤織枝編著（2020）『新・日本語教育を学ぶ』三修社
» 奥村三菜子・櫻井直子・鈴木裕子編（2016）『日本語教師のための CEFR』くろしお出版
» 来嶋洋美・柴原智代・八田直美（2012）「JF 日本語教育スタンダード準拠コースブックの開発」『国際交流基金日本語教育紀要』第 8 号
» 来嶋洋美・柴原智代・八田直美（2014）「『まるごと 日本のことばと文化』における海外の日本語教育のための試み」『国際交流基金日本語教育紀要』第 10 号
» 国際交流基金（2007）日本語教授法シリーズ 9『初級を教える』ひつじ書房
» 国際交流基金（2008a）日本語教授法シリーズ 5『聞くことを教える』ひつじ書房
» 国際交流基金（2008b）日本語教授法シリーズ 14『教材開発』ひつじ書房
» 国際交流基金（2010a）日本語教授法シリーズ 4『文法を教える』ひつじ書房
» 国際交流基金（2010b）日本語教授法シリーズ 11『日本事情・日本文化を教える』ひつじ書房
» 国際交流基金（2023）『JF 日本語教育スタンダード【新版】利用者のためのガイドブック』
» 小柳かおる（2004）『日本語教師のための新しい言語習得概論』スリーエーネットワーク
» 小柳かおる・向山陽子（2018）『第二言語習得の普遍性と個別性』くろしお出版
» 藤長かおる・磯村一弘（2018）「課題遂行を出発点とした学習デザインー『まるごと 日本のことばと文化』中級（B1）の開発をめぐってー」『国際交流基金日本語教育紀要』第 14 号
» 文化審議会国語分科会（2021）「日本語教育の参照枠　報告」
» マイケル・バイラム（著）細川英雄（監修）山田悦子・古村由美子（訳）（2015）『相互文化的能力を育む外国語教育ーグローバル時代の市民形成をめざしてー』大修館書店
» 松尾知明（2014）『教育課程・方法論ーコンピテンシーを育てる授業デザイン』学文社
» 横溝紳一郎（2011）『日本語教師のための TIPS77 第 1 巻　クラスルーム運営』くろしお出版
» 吉島茂・大橋理枝他（訳・編）（2004）『外国語教育 II　外国語の学習、教授、評価のためのヨーロッパ共通参照枠』朝日出版社
» Byram, M.（1997）*Teaching and Assessing Intercultural Communicative Competence*. Clevedon: Multilingual Matters Ltd.
» Council of Europe.（2001）*Common European Framework of Reference for Language Learning, teaching, assessment*. Cambridge, UK: Cambridge University Press.
» Ellis, R.（1994）*The study of second language acquisition*. Oxford, UK: Oxford University Press.
» Long, M. and Sato, C.（1983）"Classroom foreigner talk discourse: forms and functions of teacher's question". In Seliger, H. and Long, M.（eds.）. *Classroom Oriented research in second language acquisition*. Rowley, MA: Newbury House.

＜ウェブサイト＞

» 国際交流基金 2021 年度海外日本語教育機関調査　https://www.jpf.go.jp/j/project/japanese/survey/result/survey21.html
» JF 日本語教育スタンダード　https://www.jfstandard.jpf.go.jp/
» 日本語能力試験 JLPT　https://www.jlpt.jp/
» NEWS 日本語教育コンテンツ共有システム　https://www.nihongo-ews.bunka.go.jp/
» みんなの Can-do サイト　https://www.jfstandard.jpf.go.jp/cando/
» CEFR　https://coe.int/
» English Profile　http://www.englishprofile.org/
» RLD Referential Level Description　https://coe.int/en/web/common-european-framework-reference-languages/reference-level-descriptions

＜教　材＞

» 国際交流基金（2013）『まるごと 日本のことばと文化 入門 A1 かつどう』三修社
» 国際交流基金（2014）『まるごと 日本のことばと文化 初級 1 A2 かつどう』三修社
» 国際交流基金（2014）『まるごと 日本のことばと文化 初級 1 A2 りかい』三修社
» 国際交流基金（2014）『まるごと 日本のことばと文化 初級 2 A2 かつどう』三修社
» 国際交流基金（2014）『まるごと 日本のことばと文化 初級 2 A2 りかい』三修社
» 坂野永理・池田庸子・大野裕・品川恭子・渡嘉敷恭子（2020）『初級日本語 げんき 1』[第 3 版] The Japan Times
» スリーエーネットワーク（編）（2012）『みんなの日本語 初級 1』[第 2 版] スリーエーネットワーク
» 「いろどり 生活の日本語」　https://www.irodori.jpf.go.jp
» 「つながるひろがる にほんごでのくらし」　https://tsunagarujp.bunka.go.jp/
» 「まるごとサイト」　https://marugoto.jpf.go.jp/
» 「みんなの教材サイト」　https://www.kyozai.jpf.go.jp/

JF 日本語教育スタンダード
https://www.jfstandard.jpf.go.jp

国際交流基金が運営しているサイト。
JF スタンダードの理念やその活用方法、関連資料などがまとまっています。
本書の内容とあわせて見ると、より理解が深まります。
レベル別の学習者の発話サンプルと評価表などもあり、レベルを具体的に
イメージするのに役立ちます。

レベル別サンプル

「話す（表現）」（B1）
「話す（やりとり）」（A2 ～ C1）
「書く」（A2 ～ B2）
のサンプルと評価表があります。
JFS のレベルのイメージの把握、
評価の目安に利用できます。

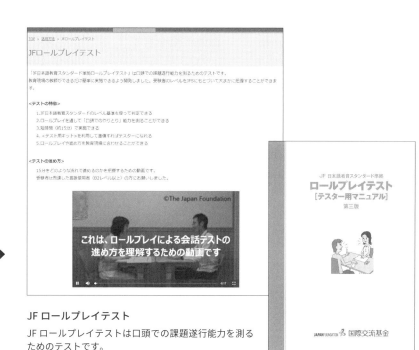

JF ロールプレイテスト

JF ロールプレイテストは口頭での課題遂行能力を測るためのテストです。

ロールプレイテストの進め方を紹介した動画や、テスター用マニュアルなどのテスト用キットなどがこのページで閲覧できます。

「JF スタンダード資料」のページには、ガイドブックやパンフレットなどの JF スタンダードに関する基本資料が掲載されています。

まるごとサイト
https://marugoto.jpf.go.jp

『まるごと 日本のことばと文化』のポータルサイト。音声ファイルや「教え方のポイント」、語彙・表現のリストなど、教室活動で活用できるさまざまなコンテンツがあります。
すべて無料でダウンロードでき、多言語に対応したものもありますので、必要に応じてご利用ください。

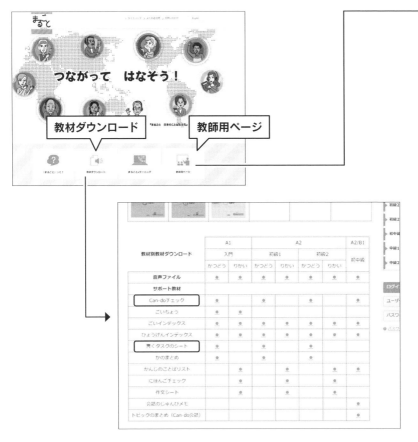

1章、5章で触れた「Can-do チェックリスト」の各国語版、2章で触れた「書くタスクのシート」をはじめとした各種教材はこのページからダウンロードできます。

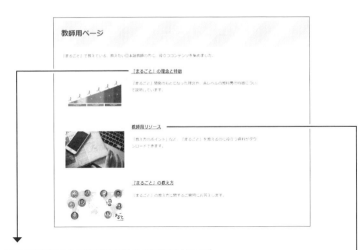

教師用ページ

『まるごと』で教えている、教えたい日本語教師の方に、得のコンテンツを集めました。

『まるごと』の理念と特徴

『まるごと』開発のもとになった理由や、各レベルの教科書の特徴について説明しています。

教師用リソース

『教え方のポイント』など、『まるごと』を教えるのに役立つ資料がダウンロードできます。

『まるごと』の教え方

『まるごと』の教え方に関するご質問にお答えします。

トピック

『まるごと』では、学習者の関心や興味を考慮して、さまざまなトピックを取り上げています。トピックは、それぞれのレベルで、学習者が情報収集をしたり交流したりしたくなるようなものを選びました。これらのトピックは、JFSの15のトピックと関係づいて考えており、同じトピックをレベルを変えてスパイラルに学ぶことによって、コミュニケーションできる内容が自然と広がってきます。

「『まるごと』の理念と特徴」のページには、2章で触れた、JFSと『まるごと』全冊のトピック対照表も掲載されています。

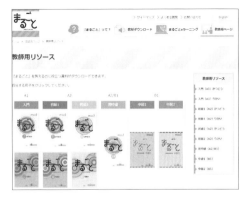

教師用リソース

「教師用リソース」のページには、1冊ごとに「教え方のポイント」（入門〜初中級）や「教え方の手引き」（中級）があります。
授業の時間配分の目安や各パートのねらいについても、この資料の中で詳しく説明しています。

みんなの Can-do サイト
https://www.jfstandard.jpf.go.jp/cando/

Can-do のデータベースサイト。条件（種別、レベル、トピック、カテゴリーなど）を指定して Can-do を検索できます。
目的や対象に合わせて、Can-do を書きかえたり新しく作ったりすることもできるほか、フォルダに保存して他の人と共有したり、excel や csv に書き出すことも可能。

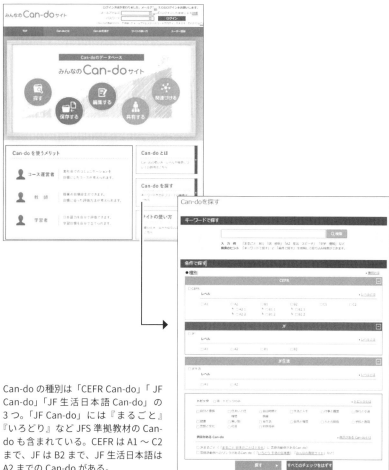

Can-do の種別は「CEFR Can-do」「JF Can-do」「JF 生活日本語 Can-do」の3つ。「JF Can-do」には『まるごと』『いろどり』など JFS 準拠教材の Can-do も含まれている。CEFR は A1 ～ C2 まで、JF は B2 まで、JF 生活日本語は A2 までの Can-do がある。

NEWS（日本語教育コンテンツ共有システム）

https://www.nihongo-ews.bunka.go.jp

文化庁が運営しているサイトで、日本語教育に関する教材、カリキュラム、報告書、論文、施策資料等が検索できます。

「日本語教育の参照枠」についての情報も網羅されており、参照枠活用の手引きや、「生活 Can do」の詳しい説明資料のほか、「全体的な尺度」の６つのレベルで日本語能力を確認することができる日本語能力自己評価ツール「にほんごチェック！」などもあります。

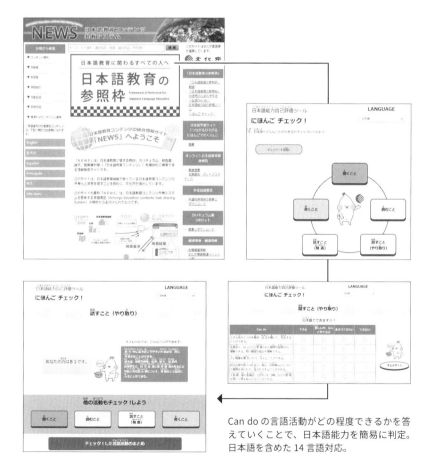

Can do の言語活動がどの程度できるかを答えていくことで、日本語能力を簡易に判定。日本語を含めた 14 言語対応。

著者プロフィール

来嶋洋美（きじま・ひろみ）

日本語教育専門家。『まるごと　日本のことばと文化』（入門（A1）～初中級（A2/B1））を企画・開発・執筆。1991 年より 2023 年まで国際交流基金日本語国際センターで海外の日本語教育や教師教育、学習者向け教材開発、及び教師向けオンライン教材開発に従事。海外ではシンガポールで中等教育の日本語教育、マレーシアで日本留学予備課程の日本語教育、イギリスでオンライン提供の中等教育向け初級教材リソース群『力 CHIKARA』の開発に携わる。

八田直美（はった・なおみ）

専修大学国際コミュニケーション学部特任教授。『まるごと　日本のことばと文化』（入門（A1）～初中級（A2/B1））を企画・開発・執筆。1990 年より 2022 年まで国際交流基金日本語国際センターで海外の日本語教育や教師教育、学習者向け教材開発、及び教師向けオンライン教材開発に従事。海外ではマレーシアで日本留学予備課程の日本語教育、タイとインドネシアで高校生向け初級教科書の制作や教師研修に携わる。2022 年より現職。

二瓶知子（にへい・ともこ）

国際交流基金日本語国際センター日本語教育専門員。国際交流基金ジャカルタ日本文化センターにて『まるごと　日本のことばと文化』の試用及びコースの立ち上げ、教師教育に携わる。2009 年より国際交流基金で海外の日本語教育や教師教育、教材開発に従事。国内では大学等で留学生に対する日本語教育及び日本語教師養成課程等に関わっている。著書に『もっと 中級日本語で挑戦！スピーチ＆ディスカッション』（凡人社）等。

Can-do で教える 課題遂行型の日本語教育

2024 年 4 月30 日　　第 1 刷発行
2024 年10月30 日　　第 2 刷発行

著　者　　　来嶋洋美・八田直美・二瓶知子
発行者　　　前田俊秀
発行所　　　株式会社　三修社
　　　　　　〒 150-0001　東京都渋谷区神宮前 2-2-22
　　　　　　TEL 03-3405-4511 / FAX 03-3405-4522
　　　　　　振替 00190-9-72758
　　　　　　https://www.sanshusha.co.jp
印刷・製本　　壮光舎印刷株式会社

©2024 Printed in Japan ISBN978-4-384-06117-8 C0081

装丁デザイン　　　　　　木下悠
本文デザイン・DTP　　スラストビー株式会社
協　力　　　　　　　　　国際交流基金　日本語国際センター
企画協力　　　　　　　　田中由紀
編集担当　　　　　　　　浅野未華